ひろばブックス

犯罪から園を守る・子どもを守る

今すぐできる 園の防犯ガイドブック

NPO法人体験型安全教育支援機構代表理事　清永奈穂・著

メイト

はじめに

　幼稚園・保育所・こども園（以下、園）に通う子どもたちが被害者となる、悪質な事件が後を絶ちません。2017（平成29）年の0〜5歳児の刑法犯（殺人・暴行・傷害など）の被害件数は562件にのぼり、「子どもを安全に育てる」ことが大変困難に感じる時代になりました。

　子どもにかかわる大人たちの「不安」を「安心」に変えたい。その思いで本書には2つの大きなテーマを掲げました。1つは、子どもたちを大きな安心で包み、育てるための「安心で安全な園づくり」です。園で過ごす子どもが被害にあう事件は、1件も起こしてはなりません。そのための第1歩として、「自分の園は本当に安全か？」「犯罪から子どもを守るために改善すべき点はどこか？」を知るための「チェックリスト」を作成しました。園の職員、保護者、地域の方々を含め、みなさんで園の安全度をチェックし、もし足りないところがあれば改善していくことができるようになっています。

　もう1つのテーマは、園を守り固めるだけではなく、「子どもに自分自身を守る力を身につけさせる」ことです。刑法犯の被害件数は、小学生になると1万5,159件と約27倍にもなり（2017年）、

危険性が一気に高くなっています。今はまだ園にいる子どもたちも、やがては小学校に1人で通わなければならなくなります。つまり、入学してすぐに「安全を確かにする力」を身につけているかどうかが問われることになるわけです。子どもたちが危険を回避するためには、小学校に入ってから安全を学び始めるのでは遅いのです。在園中から、その子の発達に応じた基礎的な力（安全基礎体力＝体力・危機への知恵知識・コミュニケーション力・大人力）を身につけておく必要があります。そのための方法として、0歳からできる「遊んで身につける」安全基礎体力づくりプログラムを紹介しました。子どもたちが小学校に入学し、「初めての行ってきます！」を自信をもって言えるように、ぜひ取り組んでいただきたいと思います。

　本書は、大人も子どもたちもみんなで一緒に、教育的視点をもって安全を学んでほしいと考えてつくった新しい視点の本です。子どもたちを柔らかく優しく安全に包みこむ園づくり、そして「大人になるための力」を身につけた子どもに育てる教育の双方をかなえる本を目指しました。本書が、子どもたちとみなさんが安全な毎日を過ごすための一助となれば幸いに存じます。

清永 奈穂

『犯罪から園を守る・子どもを守る』  もくじ

- はじめに 2
- 目次 4
- この本の使い方 6

Part 1 園を守る──ねらわれないための園づくり

Check! "危ない人"から園を守る
園外周部の安全度診断チェックリスト 8
戸建て型の場合／集合住宅棟内にある場合／オフィスビル・雑居ビル内にある場合

なぜ園がねらわれる？ 犯罪者の視点とは 10

最低限知っておきたい！「犯罪者から見た」ポイント図解
不審者が近づきやすい園・入りやすい園 12
戸建て型の場合／集合住宅棟内・オフィスビル内・雑居ビル内にある場合

Check! "危ない人"から園を守る
通園路と公園の安全度診断チェックリスト 16
通園の道・公園への道／犯罪が起こりやすい公園の特徴

日頃から気をつけたいポイントは「ひまわり®」
最低限知っておきたい！ 園の周辺の怪しい場所 18

子どもを守るにはまず敵を知ることから 20
不審者ってどんな人？／怪しい人の特徴は「はちみつじまん®」／大事なのは「20m」！／未然に防ぐための「6・3・2の法則」

スキ間を埋める安全づくり「16」の鉄則 24
子どもを外から見せない／裏手と横手を固める／「釣り糸センサー」を設置／「どこでもミラー」で死角をなくす／園周囲の死角をなくし侵入の機会を奪う／侵入者が何より嫌う「音」と「光」を利用／動線（歩く道すじ）をはっきりさせる／どこでも勝手に入らせない／足元で来訪者とわかるように／各部屋に防犯ブザーを吊るす／敷地の四隅や塀の継ぎ目に目を向ける／「攻撃性」を強めに演出する／日頃のあいさつをしっかり／ダブルキャスト（2人対応）で守備を固める／避難所（アジール）を設けておく／ご近所づきあいを大切に

コラム 「瞬間ボランティア®」を増やそう 31

Check! "危ない人"から園を守る
夕方・夜間の安全度診断チェックリスト 32
地域の安全度診断チェックリスト 32
実例！ ご近所づきあい ことはじめ 34
プラスα 「プチ誘拐」から子どもを守る 36

Part 2 子どもを守る──いざそのときの行動

Check! "危ない人"から園を守る
園の危機管理計画プログラム 38

Check!	"危ない人"から園を守る	
	いざというときのための**イメージトレーニングカード**	40
Check!	いつも「心の余裕とイマジネーション」を忘れずに	
	園と保育者の**安心・安全診断チェックリスト**	42

いざというときにとるべき行動 …… 44
覚えておくべき絶対の基本／保育者の心がまえ8箇条／ふだんからの5つの備え

子どもを守る・保育者も守る「12」の鉄則 …… 45
「110番」し、警察が来るまでの7分間を頑張る！／精一杯の大声を出す／自分が怖いときは相手も怖いと思い、じっと対峙する／ばったり出会ったときは、まず離れる／必ず2人で戦う／「狂ったように」ものを投げつける／つかまれたら「腕ぶんぶん」／ためらいなく噛みつく／避難所（アジール）に子どもたちを逃がす／園の外に危機を知らせる／「怪しい」と思ったら「危ない」。先手必勝！ 連れて逃げる／「殺すぞ！」と言われても心はひるまない

> プラスα **被害を話す子・話さない子** …… 50
> ——「勘」を磨くトレーニングのすすめ

いざというときのお役立ち防犯グッズ …… 52

Part 3 子どもを育てる——ゼロ歳からの安全教育

Check!	"危ない人"から子どもたちを守る	
	子どもの「ねらわれやすい度」**診断チェックリスト**	54

ふだんの行動と危機の経験から／「犯罪者から見た」ねらいやすい特徴

安全な未来へ踏み出す初めの1歩 …… 56
大人になるため必要な力「安全基礎体力」／4つの力で成り立つ安全基礎体力／安全教育も発達段階に応じた指導を／どんなことが危ないか、少しずつ知る

1人で安全に通学できるように …… 60
就学前に学ばせたい合言葉（「ひまわり®」「はちみつじまん®」）

> コラム 犯罪者は社会性をもった子どもを避ける …… 61

ふだんの遊びで育む安全基礎体力 …… 62
「ハサミとカミはお友だち®」危機を乗り越える7つの動作／走る・叫ぶ・見る・飛びこむ・噛みつく・はっきり断る・お友だち（助け合う）／伝えよう

> コラム 「声かけの危ない言葉」集 …… 73
> コラム 家庭・地域との連携プレー …… 75
> コラム あったことを伝える習慣づけを …… 76

> プラスα **万が一のときの行動原則** …… 77

本書に登場した安全教育「合言葉」集 …… 78
Q&A こんなときはココに相談 …… 79
安全教育とは何か——英国に学ぶ …… 80

Check!	小学校へ1人で安全に通えるように	
	「**初めての行ってきます**」**チェックリスト**	84

● おわりに …… 86
● 参考文献 …… 87

この本の使い方

本書には、園と子どもたちを守るためのポイントを目的別にまとめた「チェックリスト」が多数掲載されています。これらのチェックリストはコピーを取り、本書の内容を学び、実践・練習を行いながら繰り返し活用してください。

「通園路と公園の安全度診断チェックリスト」や「子どもの『ねらわれやすい度』診断チェックリスト」などは、コピーを保護者にも配布し、子どもたちの安全のために活かしてもらうことをおすすめします。本書の随所で述べていますが、園と子どもたちの安全は、園の先生方だけで守るものではありません。保護者や近隣の人々など地域の大人たちも巻きこみ、園と一緒に子どもたちの安全への意識を高めてもらいましょう。

※本書に掲載されているチェックリストは、大学研究者・警察官などの専門家による複数回の確認結果をもとに作成したものです。

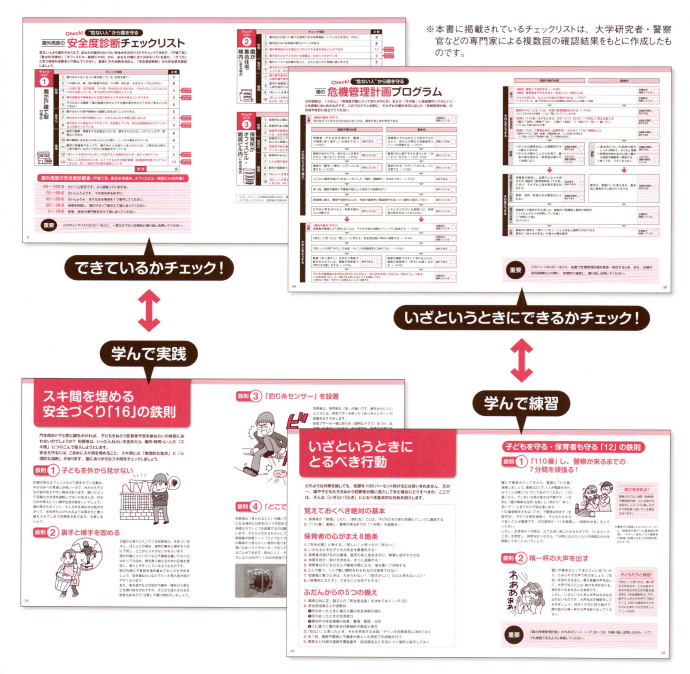

Part 1

園を守る
——ねらわれないための園づくり

犯罪から園を守り、子どもたちを守る——そのために最も大切なのは、そもそも犯罪者を園に寄せつけないことです。Part1 では、園はもちろん、その周辺についても、犯罪者にねらわれないための方法を紹介します。

Check! "危ない人"から園を守る	
園外周部の**安全度診断チェックリスト**	P.8
なぜ園がねらわれる? 犯罪者の視点とは	P.10
最低限知っておきたい!「犯罪者から見た」ポイント図解	
不審者が近づきやすい園・入りやすい園	P.12
Check! "危ない人"から園を守る	
通園路と公園の**安全度診断チェックリスト**	P.16
日頃から気をつけたいポイントは「ひまわり®」	
最低限知っておきたい! 園の周辺の怪しい場所	P.18
子どもを守るにはまず敵を知ることから	P.20
スキ間を埋める安全づくり「16」の鉄則	P.24
Check! "危ない人"から園を守る	
夕方・夜間の**安全度診断チェックリスト**	P.32
地域の**安全度診断チェックリスト**	P.32
実例!ご近所づきあい ことはじめ	P.34
プラスα 「プチ誘拐」から子どもを守る	P.36

Check! "危ない人"から園を守る
園外周部の 安全度診断チェックリスト

危ない人から園を守るうえで、あなたの園がどれくらい安全かを次のリストでチェックできます。「戸建て型」「集合住宅棟内」「オフィスビル・雑居ビル内」から、あなたの園に当てはまるリストを選び、「そうだ」と思う項目の点数を○で囲んでください。最後にその点数を合計し、「安全度診断表」から安全度を確認しましょう。

チェックリスト① 園が戸建て型の場合

	チェック項目	点数	
形態 1	園のまわりをぐるりと塀が囲っている（生垣を除く）	7	
形態 2	①の塀には、高・低の段差や凸凹・スキ間・切れ目・大きなカーブなどがない	8	
形態 3	①の塀に高・低の段差・スキ間・切れ目などはあるが、それらのところにはふだんから注意している、または何らかの対策をしている	6	これだけはチェック！
形態 4	園の職員室や事務室から正面の塀のようす全体を見ることができる	8	これだけはチェック！
形態 5	子どものいる園舎1階の部屋の中のようすを園の塀の外からうかがい見ることができない	5	
見守り 6	園のまわりの家や建物から園庭に目を注ぐことができる	5	
見守り 7	園のまわりの家や建物の人と、ふだんなにかと気軽に話し合える	9	これだけはチェック！
見守り 8	園のまわりに防犯カメラやセンサーを設置している。または警備会社のステッカーなどを貼りつけている	9	これだけはチェック！
管理 9	園児が登園・降園をする正面出入口には、鍵をかけられるしっかりとした門・扉・柵などがある	9	
管理 10	園の裏側にある出入口はふだんから閉じ、しっかり鍵をかけている	9	
管理 11	園児の保護者であっても、園の中に入る前に①本人かどうか、②用向きは何か、③同行者がいるかどうかの3点確認を行っている	7	
管理 12	「怪しい人を見かけたとき」に対応する人を園長以外に正・副2人決めている	8	これだけはチェック！
管理 13	「怪しい人を見かけたとき」にどうするかを行動計画書（危機管理計画プログラム）にまとめ、年に1回はその内容を確認している	10	これだけはチェック！
	合計	点	

園外周部の安全度診断表（戸建て型、集合住宅棟内、オフィスビル・雑居ビル内共通）

90～100点	たいへん安全です。よく頑張っていますね。
70～89点	だいじょうぶです。でも気をゆるめずに。
40～69点	だいじょうぶ。当てはまる項目を1つ増やしてください。
20～39点	改善を目指し、園のスタッフ皆さんで話し合ってください。
0～19点	至急、安全の専門家を交えて話し合ってください。

重要 このチェックリストはコピーをとり、一度だけでなく定期的に繰り返し活用してください。

チェックリスト 2 　園が集合住宅棟内にある場合

		チェック項目	点数	
形態	1	園の出入口近くに誰でも使用できる共用施設（トイレなどを含む）がない	9	
	2	園の出入口に外来者の受付スペースがある	8	
	3	園の事務室から正面出入口のようす全体を見ることができる	11	これだけはチェック！
	4	園の出入口と子どものいる部屋は、仕切って分けている	9	これだけはチェック！
見守り	5	園が入っている住棟の住人と、ふだんなにかと気軽に話し合える	5	
	6	園の出入口付近に、目につくように防犯カメラ、センサー、防犯ベルなどを設置している。または警備会社のステッカーなどを貼りつけている	12	これだけはチェック！
管理	7	園の裏や横手にある出入口の扉は、常に内側からしっかり鍵をかけている。または園の裏や横手に出入口はない	10	これだけはチェック！
	8	園児の保護者であっても、園の中に入る前に①本人かどうか、②用向きは何か、③同行者がいるかどうかの3点確認を行っている	9	
	9	「怪しい人を見かけたとき」に対応する人を園長以外に正・副2人決めている	12	
	10	「怪しい人を見かけたとき」にどうするかを行動計画書（危機管理計画プログラム）にまとめ、年に1回はその内容を確認している	15	これだけはチェック！
		合計	点	

チェックリスト 3 　保育所がオフィスビル・雑居ビル内にある場合

		チェック項目	点数	
形態	1	保育所は2階以上の階にある	9	
	2	保育所のある階には、保育所以外の企業・団体などが入っていない	10	
	3	保育所の部屋の裏や横手から直接出入りできる扉には、常に内側から鍵をかけている。または部屋にそのような出入口はない	12	これだけはチェック！
見守り	4	保育所の入っている部屋に隣接する部屋、または近くにある部屋の人と、ふだんなにかと気軽に話し合える	5	
	5	保育所の前の廊下に防犯カメラやセンサーを設置している。または警備会社のステッカーなどを貼りつけている	12	これだけはチェック！
	6	保育所のあるビル入口には受付がある。あるいは警備員が立っている	7	
	7	ビルの裏や横手からは、簡単にはビルの中へ入れないようになっている	10	これだけはチェック！
管理	8	園児の保護者であっても、園児がいる部屋の中には直接入れないようになっている	8	
	9	「怪しい人を見かけたとき」に対応する人を園長以外に正・副2人決めている	12	これだけはチェック！
	10	「怪しい人を見かけたとき」にどうするかを行動計画書（危機管理計画プログラム）にまとめ、年に1回はその内容を確認している	15	これだけはチェック！
		合計	点	

※12～15ページの図解も参照しながら、園外周部における安全上の注意点を具体的にイメージしましょう。
※このチェックリストは、犯罪者の行動分析・子どもの危機遭遇事件事例分析などに基づき作成されています。

なぜ園がねらわれる？犯罪者の視点とは

犯罪者は、やりたい犯罪をやりやすい場所・状況や相手を標的に選びます。ものや人にねらいを定め、つけこめる「スキ間」を探し、「やれる」と考えて実行に移すのです。
したがって、犯罪から園や子どもの安全を守るために最も大切なことは、犯罪者がつけいるスキ間をなくし、「ねらわれないようにすること」「犯罪者を近づけないこと」。では、幼稚園・保育所・こども園には、どんなスキ間があるのでしょうか。
犯罪者を園に近づけない・園に入らせない各種手法を学ぶ前に、「犯罪者の視点で見た」園の特徴を把握しておきましょう。

犯罪者から見た園

特徴 ① 「子どもの身体や生活に合わせてつくられている」

犯罪者がつけこむ点
塀や柵が低い
つくりがシンプル
開放性と採光性を重視し、窓・ガラスが多用されている
大型遊具などが設置され、死角が多い

→ 犯罪者の意識
・入りやすい
・のぞきやすい

・見られにくい　・潜みやすい
・隠れやすい

→ **侵入犯罪**
例：盗撮、のぞき見など

特徴 ② 「夜間は無人となる」

犯罪者がつけこむ点
夜は無人となるが、常に一定の金銭・金目になるものがある

→ 犯罪者の意識
・獲物（金品）がある

→ **侵入盗**
例：窃盗、住居侵入、器物破損、放火など

特徴 ③ 「多数の弱者（園児）を囲いこんだ保育生活の場所である」

犯罪者がつけこむ点	犯罪者の意識	侵入犯罪
保育者の目が多数の園児に向き、周囲への関心が低い	・保育者に見つけられにくい	例：親権をめぐっての「プチ誘拐」（→P.36）、不法投棄など

特徴 ④ 「ある種の"聖域"である」

犯罪者がつけこむ点	犯罪者の意識	侵入犯罪
「無垢な幼児は傷つけてはならない」という通念が支配し、それが心理的油断につながり、防御力を弱めることがある	・いつも獲物（子ども）がいる ・獲物が多い割に犯罪に対する防御力が弱い	例：脅し、乱入

特徴 ⑤ 「女性性・母性性に満ちている」

犯罪者がつけこむ点	犯罪者の意識	侵入犯罪
弱者（園児）を優しく包みこむ演出が、犯罪者に甘く見られる	・逃げやすい ・ごまかしやすい	例：脅迫、乱入、クレーマー、怒鳴りこみ、不法投棄

最低限知っておきたい！「犯罪者から見た」ポイント図解
不審者が 近づきやすい園・入りやすい園
~園が戸建て型の場合~

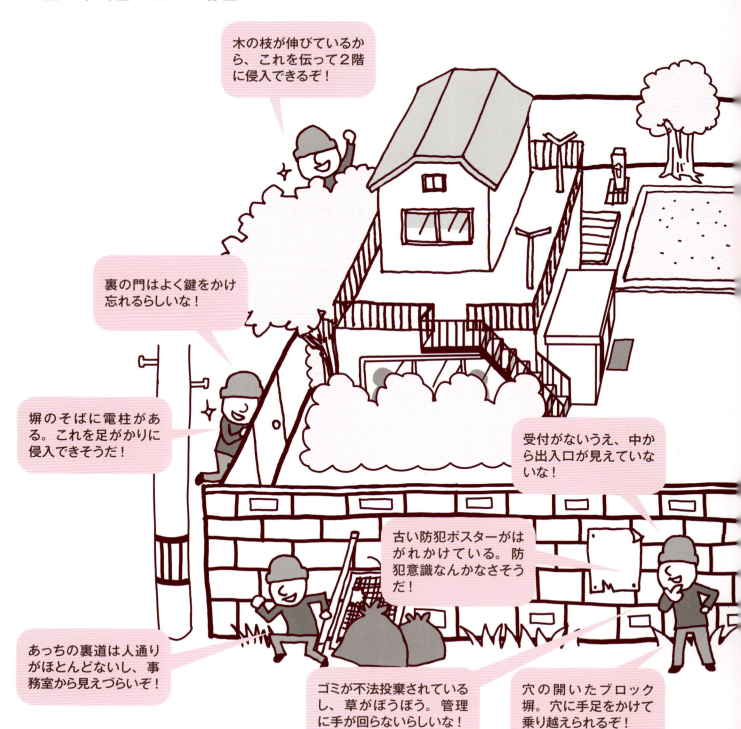

最低限知っておきたい！「犯罪者から見た」ポイント図解
不審者が近づきやすい園・入りやすい園
～園が集合住宅棟内・オフィスビル内・雑居ビル内にある場合～

Check! "危ない人"から園を守る
通園路と公園の 安全度診断チェックリスト

あなたの園のある町がどんな町か、子どもたちが住んでいる町（町会単位）がどのくらい安全か、また、日ごろ園児を連れていく公園はどのような状態のところを選ぶべきか、次のリストでチェックできます。

チェックリスト ① 通園の道・公園への道

「そうだ」と思う項目の点数を○で囲んでください。最後にその点数を合計し、「安全度診断表」から安全度を確認しましょう。

チェック項目	点数
① 車の通る道と人が通る道が、明確に分けられていない	13
② 道の端の木やヤブが伸び、前や横が見えにくい場所がある	14
③ 道がくにゃくにゃ、かくんかくんと折れ曲がっていて、向こうが見えない場所がたくさんある	17
④ 車がすれ違えないほど細い道が入り組んでいる。また、大きな道や小さな道がたくさん交差している場所がある	18
⑤ 大きな表通りの裏に「裏道から裏道へ」と抜けられる道がある	12 これだけはチェック！
⑥ 車や自転車が道の端や店の前に乱雑に置かれている場所がたくさんある	8 これだけはチェック！
⑦ お散歩や通園の道だけではなく、ふだん園児が遊んでいるところに、ふだんは人がいない公園や車を止める場所（駐車場）がたくさんある	15
⑧ お散歩や通園の途中、人があまり住んでいないアパートやマンションがたくさんある	3 これだけはチェック！
合計	点

通園の道・公園への道の安全度診断表

0～19点 あなたの町は安全です。でも、さらなる安全を目指し、園や自宅の敷地まわりなど園や自分にできる範囲での改善は行い、できないところについては十分に注意しましょう。

20～49点 やや安心ですが、この際、総点検し、園や自宅の敷地まわりなど園や自分にできる範囲での改善は行い、できないところについては十分に注意しましょう。

50～79点 自分の町をしっかり見て回り、園や自宅の敷地まわりなど園や自分にできる範囲での改善は行い、できないところについては十分に注意しましょう。

80点以上 専門家のアドバイスを受け、園や自宅の敷地まわりなど園や自分にできる範囲での改善は行い、できないところについては十分に注意しましょう。

チェックリスト ②　犯罪が起こりやすい公園の特徴

子どもたちを連れていく公園は、どのような点に着目して選ぶべきでしょうか。公園のかたちはさまざまですが、次のリストで「危険度」の基本的なチェックができます。
「そうだ」と思う項目のチェックボックスにマークをつけてください。マークが少ないほどその公園の安全性は高いのですが、マークが1つでもつく場合、その項目の状態が取り返しのつかない事件につながる場合があることを意識してください。

分類	No.	チェック項目	チェック	
空間の仕切り	①	公園の外まわりと公園部分との「境界」が、柵や塀などでしっかり区切られていない	☐	
	②	公園へ「オートバイや自動車」などが自由に入れる	☐	これだけはチェック！
	③	公園内で「幼児・小児が遊ぶ空間」が、柵などで明確に分けられていない	☐	
植栽	④	公園内の「樹木の剪定（せんてい）」などがなされておらず、伸び放題になっている	☐	
	⑤	公園内の樹木の下部（約140cm以下）の枝が切り取られていないために見通しが悪く、「暗がり」が生じている	☐	これだけはチェック！
	⑥	公園内に背の高い「雑草」がたくさん繁っている	☐	
ゴミ	⑦	公園内の「水飲み場周辺」にゴミなどが散乱し、汚れている	☐	
	⑧	公園内に「ゴミや落書き」が目立つ	☐	これだけはチェック！
灯り	⑨	公園の出入口、公園内の隅、公園中央に「強い光の灯り」がない[*1]	☐	
	⑩	夜間、おもに使用される道に沿って「10m離れても人間の顔がぼんやりと認識できる灯り」が連続して設けられていない[*2]	☐	
トイレ	⑪	公園内の「トイレの出入口」が、男子用と女子用にはっきり分けられていない	☐	
	⑫	公園内のトイレが、表からだけでなく「裏」からも自由に出入りできる	☐	これだけはチェック！
管理・警備	⑬	公園内に管理者や警察への「通報システム」などが設置されていない	☐	
	⑭	公園に「管理者」が常駐していない。あるいは誰が管理者か明示されていない	☐	

[*1] 灯りは、明るさが強ければ強いほど「濃い暗がり」をつくる性質もあります。灯りは、日中は気がつかない意外なところに暗がりをつくるものでもあるのです。
[*2] 灯りは犯罪者にとって、標的（被害者）のようすをはっきり映し出すものでもあります。

重要
このチェックリストはコピーをとり、一度だけでなく定期的に繰り返し活用してください。
また、保護者の方にもコピーを配り、チェックしてもらうことで、園と一緒に子どもたちの安全への意識を高めてもらいましょう。

日頃から気をつけたいポイントは「ひまわり®」
最低限知っておきたい！園の周辺の怪しい場所

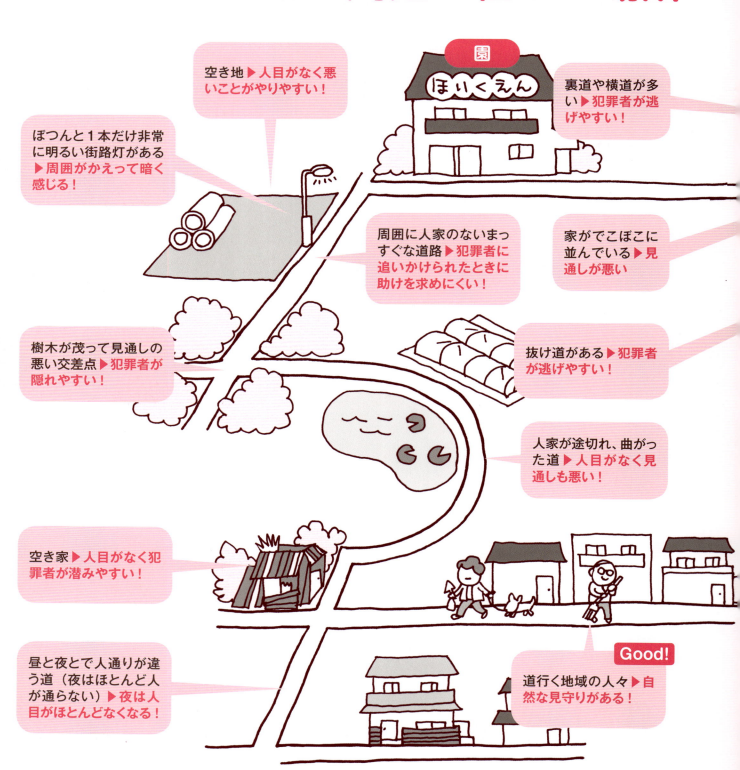

ひまわり® 怪しい場所の4つの特徴

- **ひ** とりだけになるところ
- **ま** わりから見えない（見えにくい）ところ
- **わ** かれ道、わき道や裏道の多いところ
- **り** ようされていない家（空き家）や公園など人が誰もいないところ

通りに背を向け、窓などが少ない公共施設▶**人目が少ない！**

夜間は無人となる体育館などの公共施設やオフィスビルがある▶**夜間は人目がなくなり悪いことがやりやすい！**

駐輪場、住棟の階段下、エレベーター▶**犯罪者が待ち伏せしやすい！**

川沿いの道路で片側がフェンス▶**犯罪者に追われたら逃げ場がない！**

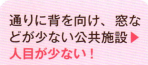

管理人のいない駐車場▶**犯罪者が潜みやすい！**

どこからが敷地かはっきりしないアパート▶**人がいても不審者か住民か区別しづらく、待ち伏せされやすい！**

不審な車の目撃情報があった場所！

- 水飲み場周囲が汚れている
- ゴミが多い
- トイレがまわりから見えにくい
- トイレの出入口が裏にもある
- 外から公園内部が見えにくい

歩道と車道がガードレールなどでしっかり分けられていない道▶**犯罪者が車、バイク、自転車で接近しやすい！**

子どもを守るには まず敵を知ることから

ふだん知ることも、知る機会もほとんどないと思いますが、犯罪から子どもたちを守るには、あらかじめわかっていたほうがよい大切なことがあります。それは、罪を犯そうとする不審者の性質と心理です。

不審者ってどんな人？

不審者は、「変な人」「怪しい人」「危ない人」の3段階でとらえることができます。「変な人」とは、その場、そのときに「似合わない人」です。たとえば、夕方に1人で公園にじっとたたずんでいる人。それだけでは走って逃げるほどではないので、少し避けて通るくらいで大丈夫。でも「変な人」＋「自分や友だち、自分の住んでいる地域にねらいを定めているような人」＝「怪しい人」になると注意が必要です。

犯罪にあうのを避けるには、こうした不審者を見分けられることが大切ですが、見分け方を子どもたちに教えるのは、決して難しいことではありません。最低限、右のページで紹介している「はちみつじまん」を繰り返し教えることで、子どもたちに「危険なサイン」を察知できる力を身につけさせることができます。

また、「怪しい人」との間にとるべき「距離」や不審者の「出没頻度」が示す犯罪の前兆など、注意すべきいくつかのポイントがあります。これから説明するポイントを知っておくと、取り返しのつかないことになる前に「自力で防ぐ力」を、子どもたちに授けることができます。

とはいえ、安全教育は「不審者発見教育」ではありません。「まわりの大人は誰でも優しくて、みんなのことを見守ってくれている」ことを基調にしたうえで「ほんの少しだけれど、みんなを危ない目にあわせようとするいけない大人が、もしかしたらいるかもしれない」と伝えましょう。

不審者の行動と「変な人」から「危ない人」への変化

変な人！ →	怪しい人！ →	危ない人！
●話しかけてくる	●しつこく話しかけてくる	●体に触ろうとする
●近寄ってくる	●ぐんぐん近寄ってくる	●車に乗せようとする
●こっちを見る	●しつこく見る	●走って近寄ってくる
●ついてくる	●しつこくついてくる	●ほかの場所に誘う
●その場に似合っていない	●態度がとてもおかしい	●危ない物を持っている

怪しい人の特徴は「はちみつじまん」

　子どもたちをねらう怪しい人の5つの特徴を合言葉にしました。保育者がこのような「怪しい人」の役になってみせ、子どもたちに危険なサインに気づく力を身につけさせましょう。

はちみつじまん®　怪しい人の5つの特徴

しつこくなにかと **は** なしかける人

理由もないのに **ち** かづいてくる人

あなたが来るのを道の端でじっと **み** つめてくる人

いつでも、どこまでも、いつまでも **つ** いてくる人

あなたが来るのを **じ** っと **ま** っている人

こういう人に会ったら **ん** ？と注意

大事なのは「20m」！

過去のさまざまな事件例から、子どもをつけねらう犯罪者には共通の行動があることがわかっています。事件が起きた地点から500mあたりを目安に区域を定めてウロウロし、200mを過ぎたあたりで具体的な標的探しに入るのです。

そして「あの子だ」と見定めるのは20mの地点。近づくにつれ、だんだん「やる気」を高ぶらせていき、4〜6mの距離まで来たら実行に移します。

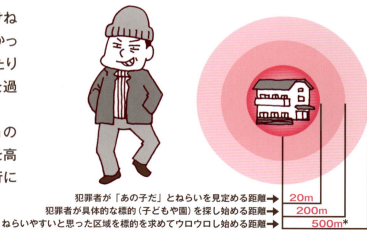

犯罪者が「あの子だ」とねらいを見定める距離 ➡	20m
犯罪者が具体的な標的（子どもや園）を探し始める距離 ➡	200m
ねらいやすいと思った区域を標的を求めてウロウロし始める距離 ➡	500m*

*犯罪者がどのような区域を「ねらいやすい」と判断するかは、32〜33ページの「地域の安全度診断チェックリスト」を参照してください。

犯罪者の「やる気」は獲物（標的）との距離によって変化する

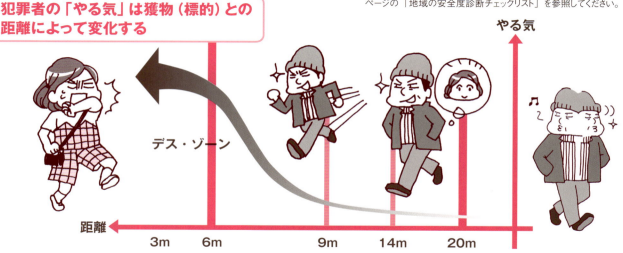

このことから、身の危険を感じて逃げるときは、少なくとも犯罪者の6m手前でなければならないことがわかります。そして、もし追いかけてきても、猛ダッシュして、最低20mは走りましょう。

子どもを追いかける犯罪者の「やる気」は走り始めの4mまでは続きますが、8mを過ぎると失せ始め、10mを超えるとガクンと落ちます。そして20mで完全になくなり、追いかけるのをあきらめる傾向にあります。

「いざというとき20mを猛ダッシュで逃げきる力」を、子どもたちにつけてあげましょう（→P.63）。近づいて来させないためにも、万が一追いかけられて逃げるときにも、犯罪者との間の「20m」の距離は大切です。

未然に防ぐための「6・3・2の法則」

　子どもが巻きこまれる事件の前には、必ず何らかの危険な「前兆」があります。これを見逃さずに警戒していれば、未然に防げたであろう犯罪は多いのです。

　犯罪者は必ず昼間に、ねらい定めた区域の「下見」をするもの。そのとき必ず近隣の人たちとすれ違います。こうして前兆が明らかになるのです。元犯罪者たちの証言と調査によって、次のようなことがわかっています。

6・3・2の法則

学区内で半年間に **6回**、①ふだん見かけない不審者がウロウロしていたり、②警察や自治体などが発信する犯罪・不審者情報が届いたりしたら、そこは **「ちょっと変だな」** 区域。

⬇

1カ月間に **3回**、①と②があったら、その区域は **「要注意」** ＝この区域はねらわれているかもしれない！

⬇

1週間に **2回**、①と②があったら、その区域は **「要警戒」** ＝危ないぞ！

　この「6・3・2」の法則を頭に入れておけば、危険な前兆を、いち早く察知することができます。

　そして保護者や、地域で子どもたちを見守ってくれる大人に注意や警戒を呼びかけましょう。罪を犯そうとする不審者がいちばん嫌がるのは、近隣の人たちから自分の存在が見とがめられることなのです。

　不審だなと思ったら、
「どちらへ？」などと声をかける
すれ違う前や後に「2度見」する
の2つを行ってください。

　そして、犯罪の前兆をとらえたら、スクラム（みんなで力を合わせること）、スピード、専門家の「3つのS」で犯罪を未然に防ぎましょう。

園を地域から浮いた存在にしない！

近隣の方々とは、ふだんから仲良くしておきましょう。園に関心をもち、見守ってもらえることにつながります。園を地域から浮いた存在にしないことが肝要です（→P.31、P.34）。

スキ間を埋める 安全づくり「16」の鉄則

門を閉めドアと窓に鍵をかければ、子どもをねらう変質者や空き巣ねらいの被害にあわないのでしょうか？ 犯罪者は、いったんねらいを定めたら、場所・時間・心・人の「スキ間」につけこんで侵入しようとします。
安全を守るには、こまめにスキ間を埋めること。スキ間には「物理的な盲点」と「心理的な油断」があります。園にありがちなスキ間をチェックしましょう。

鉄則 ① 子どもを外から見せない

内側の見えるフェンスなどで囲まれている園は、中から外への見通しが良い一方で、外からも子どもの姿が見えやすい弱点があります。囲いによって近隣との交流を遮断してはいけませんが、外から中が見えにくい塀や生垣が望ましいでしょう。塀の高さもポイント。大人が手を伸ばせば指がかかって、体を持ち上げられるような高さだと乗り越えられてしまう危険性があります。注意しましょう。

鉄則 ② 裏手と横手を固める

正面から堂々と入ってくる犯罪者は、あまりいません。ほとんどの場合、建物の裏手と横手を入念に下見し、どこかにスキがないかねらいます。
塀の外側にゴミバケツなど不要物を置いておくのはもってのほか。塀を乗り越えるための足場を提供し、侵入しやすくしているようなものです。
塀の内側に不要物を積み重ねておくのもやめましょう。空き巣ねらいなどで入った侵入者が逃げやすくなります。
また、風を通すなどの目的で裏手・横手の小窓などを開け放ちがちですが、そこから侵入される可能性もあるので、注意して開け閉めをしましょう。

鉄則 ③ 「釣り糸センサー」を設置

犯罪者は、突然鳴る「音」が嫌いです。鍵をかけにくいところには、防犯ブザーを使った「釣り糸センサー」の設置をおすすめします。

防犯ブザーの一端に釣り糸（透明なテグス）をつけ、反対側にも長めにつけます。その両端を、防備が手薄で不安な箇所に結びつけ、糸がたるまないようにピンと張ります（下の写真）。そこを通り抜けようとした侵入者が釣り糸に引っかかって防犯ブザーが鳴り響く仕掛けです。安価で簡単に設置できる防犯センサーとしておすすめ。ビニール袋で防犯ブザーを包めば雨よけになります。

暗がりで見えづらい釣り糸は、侵入者にとって脅威。防犯ブザーは光と音が同時に出るものがおすすめです

鉄則 ④ 「どこでもミラー」で死角をなくす

犯罪者は「見られること」が嫌いです。そのため、死角になる場所には防犯カメラや防犯ミラーが有効ですが、高価なのでいくつも設置するのは難しいこともあると思います。それらに代わるものとして、ポリカーボネート樹脂製の粘着シート「どこでもミラー」が便利です。園の職員から見えにくい場所に貼りましょう。

薄いためハサミやカッターで切って使え、どこにでも貼ることができます。割れにくく、子どもにも安心。サイズにより500円〜1,500円前後で入手できます。

ハサミやカッターで切って手軽に貼れる樹脂製ミラー

25

鉄則 5　園周囲の死角をなくし侵入の機会を奪う

園内だけでなく園の周囲にも目を向けましょう。近隣とのスキ間も死角。そこを目ざとく見つけて犯罪者は侵入します。

園の外周に足場になるものを置かないのはもちろんのこと（→P.24「鉄則2」）、駐車中の車、電柱、街路灯、灌木、枝の伸びた植木、ブロック塀などが園の周囲に接近している場合も要注意です。これらを足がかりにして園の屋根や2階から侵入する可能性があります。

この場合、2階の窓の近くに防犯カメラを設置する方法が有効です（ダミーでも効果があります）。

鉄則 6　侵入者が何より嫌う「音」と「光」を利用

空き巣ねらいは、異常なまでに音を出さないように気をつかいます。足音、窓を開ける音、ガラスを割る音、引き出しを開閉する音。逆に言えば、音が出るように工夫すればよいのです。建物の周囲に砂利を敷く、裏手・横手のスキ間に空き瓶や空き缶を並べておくなどするとよいでしょう。

侵入者は、突然光る灯りも嫌います。センサーライトを取りつけましょう。

灯り設置のコツ

灯りは、明るすぎてもいけません。人間の目の性質も手伝って、明るさが強いほど「濃い暗がり」が生じるのです。また灯りは、犯罪者にとって標的（被害者）のようすをはっきり映し出すものでもあります。園の外周に夕暮れどきや夜間用の灯りを取りつける場合は、照明直下の明るいところとそれ以外の暗いところの明暗差が大きくならないよう、できるだけまんべんなく灯りを設置しましょう。

鉄則 7 動線（歩く道すじ）をはっきりさせる

子どもをねらう犯罪者の特徴は、ウロウロ歩きまわって標的を見定めること。保護者による送り迎えの時間など、門を開放して外から訪れた人が園内に入る際に万が一でも不審者が紛れこんではいけません。
それを防ぐには、門から園庭内への動線を明確にすること。保護者や来訪者にそれを守ってもらうようにすると、動線から外れてうろついている人が目立ちます。

鉄則 8 どこでも勝手に入らせない

園によっては、バザーなどのイベントで近隣の人たちを園内に招き入れることがあるかもしれません。防犯面からみても、地域との協力関係を強める望ましい機会ですが、その際に不審者が紛れこんで、施設内に潜んでしまうことがないとは言えません。動線を明確にするとともに「立入禁止」の札を貼るなど、園の関係者だけが入れて部外者が入れない領域を明らかにすることも大切です。

「声かけ」もポイント

園内で園の職員以外の人に出会ったときは、保護者であっても必ずあいさつをするようにしましょう。声をかけられたり、見られることを犯罪者は嫌います。

鉄則 9 足元で来訪者とわかるように

送り迎えの保護者やアポイントメントのある来客など、正式な手続きを経て来訪した人には、企業でよく行われているように、それとわかるサインを付与しましょう。
いちばん簡単なのは「来園者用スリッパ」を履いてもらうこと。足元を見れば外から来た人と特定でき、履いていない人をチェックできます。園でも企業と同じようなセキュリティー対策が応用できます。

鉄則 10 各部屋に防犯ブザーを吊るす

犯罪者がとにかく嫌うのは大きな音。園に不審者が入ってきたとき用の警報装置がない場合は、小学生などが使っている防犯ブザーを活用しましょう。
防犯ブザーを各部屋の壁に吊るし、すぐ鳴らせるようにしておきます。引き出しにしまいこんではダメ。いざというとき、取り出しているヒマはありません。吊るすときは、防犯ブザーのひもに子どもの手が届かない位置にしましょう。
ブザーを鳴らしたら、窓から放り投げると、近隣にもっとよく聞こえて助けを求められます。防犯ブザーはその程度の落下衝撃には耐えられるつくりになっています。

鉄則 11 敷地の四隅や塀の継ぎ目に目を向ける

園を囲む塀の四隅や継ぎ目に段差がないかチェックしましょう。侵入者は、そうした手足をかけやすい場所を目ざとく見つけます。とくに敷地の四隅には、雨どい、クーラーや水道の配管など、手足をかけやすいものが集中しているので注意が必要です。
防犯カメラ（ダミーでも効果があります）やミラーを設置するとともに警戒するべき場所として認識しましょう（→P.25「鉄則4」、→P.26「鉄則5」）。また、伸びすぎて道路に張り出した木の枝も侵入の助けになるので切るべきです。

鉄則 12 「攻撃性」を強めに演出する

つかまる可能性が高いと思えば、犯罪者はその場を離れるもの。防犯ポスターは一定の効果がありますが、「防犯警戒中」や「戸締り用心」といった受身的な定型文ではなく、「不審者は絶対に逃さない！」「ご近所の協力で犯人をつかまえました！」など、強い威嚇効果のある文例を考えましょう。ただし、破れたりはがれたりしているとハッタリと見抜かれますから要注意。23ページで説明した犯罪の前兆にみる「6・3・2の法則」の「3」、つまり学区内での不審者の目撃や犯罪・不審者情報の合計が「1カ月に3回」になったら、とくに強めの演出をしてください。

鉄則 13 日頃のあいさつをしっかり

犯罪者は、見られたり声をかけられたりすることをおそれます。ですから、近所づきあいが少なく、他人に無関心で、ウロウロ下見をしていても見とがめられない——そんな地域こそ、犯罪者がいちばん好み、「やる気」の出る場所です。
逆に住民同士が頻繁にあいさつを交わして結束が固そうなところは避けます。ましてや、じっと見つめられたり、声をかけられたりすればすぐに退散し、再び現れる可能性も低くなります。怪しいなと思ったら「何かご用ですか？」と声をかける勇気が大切です。

あいさつは先制パンチ

園内で見知らぬ人に出会った場合も、「こんにちは」とあいさつをするなど、必ず声をかけるようにしましょう。

なぜ夕暮れどき・夜間が危険なのか

園利用者の家族形態や働き方の変化などから、昨今は園の生活が早朝から夜間にまで広がり、安全に関してもそれを踏まえた知識が求められています。夕暮れどきや夜間の基本的な注意点を右に挙げておきます。

不注意を生じさせる	昼間に比べ、見通せる距離が短くなることから「不注意（ケアレスミス）」が生まれやすくなる
さびしさを生じさせる	さびしさから逃れるために、ぼんやりしたり、逆にあわただしくなって細かい点に気づきにくくなる
人気がなくなる	園の多くは住宅街にあり、そこでは夕方から夜にかけて一気に人気がなくなる
「灯り」は危ない	灯りは犯罪者にとって標的（被害者）のようすや状態をはっきり映し出すものでもある
	灯りは強いほど濃い暗がりをつくる
	灯りは日中は気がつかない意外なところに暗がりをつくる

鉄則 14　ダブルキャスト（2人対応）で守備を固める

1人ではできないことも2人でならできます。まず、園長以外に正・副2人の「安全担当者」を決めておきましょう。しかし、いざとなったらその2人だけに頼ればよいわけではありません。かといって、みんなで対応しようとするとかえって混乱が起きがちです。相手はたいてい1人ですから、鍵と同じで「二重の防備」がポイント。たとえば「怪しいな」と思った人物に声をかけるときも必ず2人で行きましょう。

2人なら勇気も！

園に侵入した犯罪者（たいてい1人）といざ戦うときも必ず複数人で（→P.46）。「110番」をかけるときも2人で（→P.45）行うようにしましょう。おそろしいことが起きたときも、うしろで支えてくれる人がいるだけで勇気が出ます。

鉄則 15　避難所（アジール）を設けておく

万が一、子どもたちをねらう不審者が昼間、園に侵入してしまったらどうするか。
子どもたちをかくまえる避難所（アジール）を設けておきましょう。適切なアジールには右の7条件が欠かせません。これは地震対策にも共用できます。

避難所の7条件

1. 内側から鍵がかかる
2. 内側にバリケードに使える机や箱などがある
3. スマートフォンなどで外部と常に連絡できるようになっている
4. 投げられる（武器になる）ものがある
   ※「サスマタ」は使い方を知らないと、逆に奪われるなど危険な場合があります
5. 軽度な外傷を手当てできる救急用品や薬剤がある
6. ふだん物置きにしていない
7. 窓ガラスを強化してある

鉄則 16 ご近所づきあいを大切に

子どもを見守り育てるのは、園だけの役割ではありません。保護者、近隣の家や施設、警察官……まわりの大人の手助けが必要です。
近所づきあいがなく、地域から孤立している園ほど、犯罪者がねらいやすくなります。少なくとも園の両隣、前後くらいのところとは顔見知りになって仲良くしておきましょう。それにより「自然な見守り」が生まれます。
34～35ページに「ご近所づきあい ことはじめ」として、いくつかの実例を挙げているので、参考にしてください。

コラム
「瞬間ボランティア®」を増やそう

　ボランティアと聞くと「ハードルが高い」と感じるかもしれません。自分の仕事だけで精一杯。子どもを犯罪から守るのは大切だと思うけれど、ふだん忙しいから手伝うのは無理。そんな人がほとんどでしょう。でも、大げさに考える必要はないのです。「ちょっとしたおせっかい」だけで十分。中学生・高校生にだってできます。

　たとえば、見慣れない人がウロウロしていたり、車を止めて外のようすをずっとうかがっているなど、「なんか変だな」と思ったらすぐ大人に知らせたり110番通報する。犯罪者が好きな汚れて荒れた町にならないよう（→P.32）、気づいたらゴミを拾う、防犯ポスターがはがれていたら貼り直す……といったことです。

　その必要に気づいた人が、気がついた場所で、そのときやるべきことを、誰に指示されるでもなく、すぐに実行する――これが「瞬間ボランティア®」です。

　ちょっとおせっかいな瞬間ボランティア®のできる人がたくさんいる町なら、犯罪者がつけこむスキ間の生まれる余地は少なくなります。先生方だけでなく、保護者、地域の方々にも呼びかけて、みんなで子どもを守りましょう。

Check! "危ない人"から園を守る
夕方・夜間の 安全度診断チェックリスト

暗くなる夕方・夜間は、見通しが悪いため不注意（ケアレスミス）が生まれがちです。また、住宅街はとくに、夕方から夜にかけて急に人気がなくなる傾向があります。夕方・夜間の行動について問題はないか、次の項目を確認し、園の力だけでは対応の難しい⑦以外にはすべてチェックマークがつくよう努力してください。

		チェック項目	チェック
園舎・園庭内	1	保護者への園児の引き渡しは、園児・保護者・保育者の顔がしっかり見える明るい場所で行っている	☐
	2	園舎内の子どもがいる部屋とトイレの間の通路（動線）は十分に明るい	☐
	3	保護者が来ても、園児を1人で引き渡し場所まで行かせることはない	☐
	4	夕暮れのまだ明るいときでも、園庭の遊具や砂場、園庭の隅にあるトイレなどは使わせない	☐
園の周囲・園外	5	園児（保護者）1人ひとりの帰宅ルートを把握している	☐
	6	園舎や園の入っている住棟・ビルの周囲を、夜間、ぐるりと「右回り」「左回り」をしたことがある（どちらか一方向だけではなく両方とも）	☐
	7	園舎周囲の街路、とくに園舎正面から伸びる街路100mほどの間は「人の顔がわかるほどの明るさ」が保たれている	☐

地域の 安全度診断チェックリスト 道路を中心に

あなたの園のある町がどんな町か、子どもたちが住んでいる町がどのくらい安全か、通園や公園への行き来に使う道以外の場所の状況にも目を向けましょう。「そうだ」と思う項目のチェックボックスにマークをつけてください。マークが少ないほどその地域の安全性は高いと言えますが、マークが1つでもつく場合、その項目の状態が取り返しのつかない事件につながる場合があることを意識してください。

	場所の特徴	例	チェック
犯罪者が近づきやすいところ	犯罪者が身を潜めやすい、隠れやすい	ふだん利用されていない家（空き家など）がある	☐
		倉庫がある	☐
		道路にはみ出した看板がある	☐
		高い塀がある	☐ これだけはチェック！
		自動販売機がある	☐
		凹凸と道に飛び出している家がある	☐
		駐車場がある	☐
	周囲から見通しが悪い	木や雑草が生い茂っている場所がある	☐
		まわりの見えない道路や公園がある	☐
		大きな建物のかげになり、まわりから見えない場所がある	☐
	ふだんから人気や人目が少ない	ぽつんと立っているアパートがある	☐
	変な人と出会っても身をかわしづらい（避けられない）	両側、または片方が塀となっている道がある	☐
		片方が池や山林、畑や田んぼとなっている道がある	☐

	場所の特徴	例	チェック	
犯罪者が逃げやすいところ	すれ違うとき、相手のすぐそばを通らなくてはならない	狭い裏通りがある	☐	これだけはチェック！
		裏通りでなくても狭い道がある	☐	
	夕方、灯りが少ない、あっても「ぽつん」としか灯りがない		☐	
	警察や住民のパトロールが来ない	見守りの人のいない道がある	☐	
		ふだんから人の通りが少ない道がある	☐	
	犯罪者をおそれさせるポスターやステッカーが貼られていない	町を守る防犯ポスターなどがない道がある	☐	
	住んでいる人の目がない、あっても遠くにある	倉庫や公園、畑や田んぼがある	☐	
		ぽつんと離れて家が建っている場所がある	☐	
	どの方向にも逃げられる大小の道が交差している	大小の道が入り組んでいる場所がある	☐	これだけはチェック！
		裏通りが多い道がある	☐	
	夜間に人の気配がしない	広場・公園・学校・体育館などの施設がある	☐	
	樹木が生い茂り、追いかける人の視線をさえぎりやすい	木の葉が乱雑に茂り、道の向こう側がよく見えない場所がある	☐	
犯罪者がねらいやすいと思うところ	道路がいつも汚れている	ゴミが散らかっている	☐	これだけはチェック！
		落書きがある	☐	
		自転車が捨てられている	☐	
	町が雑然としている		☐	
	飲食店が多い		☐	
	通る人に誰もが無関心	あいさつをしても知らん顔の人が多い	☐	
		ふだん人が立ち話をしていない	☐	
	犯罪者がおそれるものがない	交番や「子ども110番の家」がない	☐	
	変な人がいた	近所の人などが「変な人・変な車がいた」と言っていた	☐	
		不審な車が止まっていた	☐	
その他	自分が怖い目にあうのではと不安で安心できないところがある		☐	これだけはチェック！
	自分が実際に怖い目にあったところがある		☐	
	自分だけでなく、ほかの人も怖いと噂しているところがある		☐	
	大人たちが「あそこには用心して行け」と言っているところがある		☐	

※18〜19ページの図解も参照しながら、危ない地域を具体的にイメージしましょう。

重要

このチェックリストはコピーをとり、一度だけでなく定期的に繰り返し活用してください。

また、保護者の方にもコピーを配り、チェックしてもらうことで、園と一緒に子どもたちの安全への意識を高めてもらいましょう。

実例！ ご近所づきあい ことはじめ

犯罪者のつけ入る「スキ間」を埋める基本は「見守りの目」。その目が多ければ多いほど安全度は高まりますが、園職員の目も数に限りがあります。まだ自分を守ることのできない子どもたちを守るには、園や保護者はもちろん、近隣の家や施設の人たち、警察官など、地域にいるまわりの大人たちの力が欠かせません。園が気づいていない不審者に地域の人が気づき、いち早く通報してくれた——そんな「園の応援団」を増やしていきたいものです。

では、どうすればよいのでしょう。園とその周辺に関心をもち、異変を感じてもらえるようになるには、ふだんからの人間関係が大切です。まずは積極的にあいさつなどをして顔見知りとなり、仲良くしておきましょう。ここでは、さまざまな園がそのために取り組んでいる実例をいくつかご紹介します。

園のイベントを通じて近隣の人々と交流

実例 ①
「イモ掘り体験などの収穫物は、ご近所におすそ分けするのが恒例です。サツマイモは焼きイモにして配ったり、子どもたちが掘ったコンニャクイモから手づくりしたコンニャクを差し上げたりすることもあります」

実例 ②
「餅つき大会の日は、つきたてのお餅を隣近所にお届けしています。お餅は、きなこ餅、あんこ餅、大根おろしと醤油をからめたからみ餅などもあり、皆さん、とても喜んでくださいます」

日中も地域にいる高齢者は心強い味方

実例 3　「敬老の日のイベントは、園児の祖父母だけでなく、近所の施設のおじいちゃん、おばあちゃんもご招待し、子どもたちと遊んでいただいています」

実例 4　「園長と副園長が3軒隣りまで家の前の掃除をしています（冬は雪かき）。それらの家の多くが高齢者の1人暮らしなので、手助けや見守りのつもりで始めたのですが、逆に園や子どもたちを見守っていただいています」

園の近くの警察官や地域活動に取り組む人たちとつながる

実例 5　「お散歩のときは交番の前を通り、みんなでおまわりさんに元気よくあいさつをします。そのためか、おまわりさんもパトロール時に園の近くをまわってくれたり、子どもたちの顔を覚えて園以外でも子どもを見かけたら声をかけてくれたりしています」

実例 6　「『子どもみこし』に園として加わるなど、地域の神社の例祭や町内会の夏祭りに参加しています。積極的に地域活動に取り組まれている方や民生委員の方など、困ったときに頼りになる大人たちと直接つながる良い機会となっています」

近隣へのていねいな配慮でトラブル回避＋好感度アップ

実例 7　「運動会は例年、近くの小学校のグラウンドを会場にお借りしています。毎年の行事ではありますが、前々日と前日には、『お騒がせしますが、よろしくお願いします』と近隣のお宅をまわります。終了後もお礼にうかがっています」

プラスα 「プチ誘拐」から子どもを守る

プチ誘拐とは？

「そこにいる」と思っていた子どもがいつの間にかいない！これは園の先生や保護者にとって最も青ざめる瞬間です。最悪のことが頭をよぎります。多くの場合は「先生（お父さん、お母さん）、ぼくここ」と子どもが姿を現すことで終わりますが、怖いのは、誰かに連れ去られることです。

「プチ誘拐」は、まわりの大人たちの一瞬のスキを突き、親切そうな人が子どもに声をかける「声かけ」から始まる「連れまわし」のことです。犯人は「ちょっとかわいいから」「ちょっとだけ一緒にいたいから」など、誘拐ほど「連れ去る」動機もなく、周囲の目が届きにくいところへ子どもを連れまわし続けます。子どもがいなくなったことに気づいた大人たちは大騒ぎになります。連れまわしは大きな事件として取り上げられることは少ないのですが、じつは重大な事件につながりかねません。

プチ誘拐を防ぐには

プチ誘拐を防ぐため、子どもにはまず、①変な「声かけ」には応じないこと、②「どこかへ行こう」と言われてもついていかないこと、この２つを徹底してふだんから教えておきましょう。

プチ誘拐や行方不明の園内における予防策としては、子どもが知らないうちに園外に出てしまわないよう門や扉の鍵をしっかりかけておくことが最低限の鉄則です。

園外では、大人が子どもから目を離さないことは当然ですが、子どもに先生や友だちと手をつないで歩かせることが大切です。手をつないで歩ける力を身につけさせましょう。

園外活動では、子どもたちや周囲にいる人に気を配るだけでなく、遊園地や公園などの大型遊具のかげなど、死角になる場所に注意を払うことも必要です。大人の見守りがないところで、「ちょっとちょっと」「あっちにもっと面白いところがあるよ」などと声をかけられ、連れまわされることがないように、先生は子どもたちを常に自分の視野の中に入れるようにしましょう。

プチ誘拐の危険でそのほかに意外と多いのが、降園時、保護者が気づかないうちに子どもが門を出てしまうことです。保護者にも注意を喚起しましょう。

子どもがいなくなったときはどうする？

子どもがいなくなった場合、大人は、①１人で探そうとしない、②迷惑をかけてもまわりのみんなで20分間徹底して探す、それでも見つからなければ、③ためらわずに110番する、という３段階で行動してください。いたずらに時間をかけてはなりません。

スクラム（みんなで力を合わせること）、スピード、専門家の「3S」が大切です。その中でもスピードが最も重要です。すぐに先生同士で連絡をとり、力を合わせて情報収集を行い、警察などに助けを求めましょう。

Part 2
子どもを守る
——いざそのときの行動

どれほど対策をしても、絶対に犯罪被害にあわないとは言えません。
「不審者が園をうかがっている」「園に見知らぬ人が侵入してきた」
など、さまざまな危機に際して何をすべきかを、あらかじめ計画し、
いざというときに実行できるようにしておかなければなりません。

Check! "危ない人"から園を守る 園の**危機管理計画プログラム**	**P.38**
Check! "危ない人"から園を守る いざというときのための**イメージトレーニングカード**	**P.40**
Check! いつも「心の余裕とイマジネーション」を忘れずに 園と保育者の**安心・安全診断チェックリスト**	**P.42**
いざというときにとるべき行動	**P.44**
子どもを守る・保育者も守る「**12**」の鉄則	**P.45**
プラスα 被害を話す子・話さない子 ——「勘」を磨くトレーニングのすすめ	**P.50**

37

Check! "危ない人"から園を守る
園の危機管理計画プログラム

次の図表は、「ふだん」「犯罪者が園に入ってきたそのとき」および「その後」に最低限行ってほしいことを順番にまとめたものです。このプログラムを例に、それぞれの園の状況に応じた「危機管理計画」の作成や改訂に役立ててください。

その前どうする（備え）

心得【絶対の基本 その1】
何があろうと守らなければならないのは、園児の命と体の安全である　　　　　　　　　　　全職員が理解している ☐

園庭や園の外周		園舎内	
保護者・それ以外を問わず、園庭の動線（歩く道すじ）を決めておく（→P.27）	決めてある ☐	保護者とそれ以外の人を見分けられるよう、色などが異なる来園者用スリッパを用意する（→P.27）	用意してある ☐
園舎の中からでも、知らない人を見かけたら「あいさつ」をする（→P.29）	実行している ☐	職員以外と廊下をすれ違うとき、「あいさつ」をする（→P.27、P.29）	実行している ☐
園舎の「裏手」「横手」に行く人に注意する（→P.29）	実行している ☐	園舎の中を「のぞいてまわる」人に注意する（→P.29）	実行している ☐

どこかに園児が逃げこめるしっかりした「場所（避難所）」を決めておく（→P.30）　　決めてある ☐

年1回、園庭や園舎に不審者が侵入した想定での訓練を行う　　　　　　　　　　　　実行している ☐

緊急時に備え、警察や消防をはじめ、外部の連絡先と電話番号を目につく場所に掲示しておく　実行している ☐

| むやみに声をかける人・写真を撮る人に注意する | 実行している ☐ | ふだん子どものいる部屋には、保育者の許可がない人を入れない | 実行している ☐ |

そのときどうする

心得【絶対の基本 その2】
保育者が動揺したり倒れることは、子どもの命の危険とパニックに直結する（→P.44）　　全職員が理解している ☐

「変だ」と思ったら「怪しい」と考える。安全担当者に早めに連絡する（→P.44）　　　　全職員が理解している ☐

「怪しい人を見つけた」の合図・サインを危険度別に決めておく（→P.44）　　　　　　決めてある ☐

| 動線（歩く道すじ）を外れて無断で動きまわる人には、複数の保育者で「声かけ注意」をする（→P.46） | 実行できる ☐ | 部屋を無断でのぞいてまわる人には、複数の保育者で「声かけ注意」をする（→P.46） | 実行できる ☐ |

子どもや保育者にむやみに近づこうとする人・手に何かを持ってる人は「危ない人」である
※「狂気を抱いた人」は、男性でも止められないことを理解しておく
※相手は「早足」で近づくとは限らないことに注意する　　　　　　　　　　　　　　全職員が理解している ☐

		園庭や園の外周		園舎内	
そのときどうする	戦う	【鉄則】複数人で対抗する（→P.46） 【鉄則】保育者は子どもたちと「危ない人」の間に入る	全職員が 理解している ☐		
		イスでも何でも、なりふりかまわず投げつける（→P.47） ※「サスマタ」は、使い方を知らなければ犯罪者に対抗することは難しく危険	全職員が 理解している ☐		
	緊急電話	職員の少なくとも1人は、外部に緊急電話をかける（→P.45） ※2人でかけるのが確実（1人は「横についていて」あげる）	全職員が理解し、 実行できる ☐		
		【鉄則】「110番」をするときは、次の「3つ」だけを「一方的に」言えば通じる ①園の「住所」（簡単でOK）　②園の「名称」　③「助けて！ 早く！ 急いで！」 ※ていねいな受け答えは不要	全職員が理解し、 実行できる ☐		
		【鉄則】「7分」で警察は来る（全国平均）。ともかく「7分」頑張ること ※警察だけでなく消防（救急）や園周囲の家・人にも助けを求める （110番しただけで救急車へ通じている場合もある）	全職員が理解し、 実行できる ☐		
	避難	①子どもは園舎あるいは避難所の中に駆けこませる ②子どもが駆けこんだのを見て、園舎の扉を閉める。保育者は扉のすぐ内側に立つ	全職員が理解し、 実行できる ☐ ふだんから 避難の練習を している ☐	①基本的に今いる部屋の扉をしっかり閉めて、子どもと待機 ②時間的余裕があれば遠く離れた部屋や避難所へ移動する ③怖くても、うずくまらない	全職員が理解し、 実行できる ☐ ふだんから 避難の練習を している ☐
その後どうする	警察・保護者などへの対応	保護者が殺到し、近隣の人なども来るため、園庭を「園児関係者」「その他」に分け、それぞれに担当者を置き対応する	担当者を 決めてある ☐	園児は、園庭にいた者も含め、基本的に園舎内で心身のケアをする	全職員が理解し、 実行できる ☐
		警察・消防・救急以外は園舎内に入れない	全職員が理解し、 実行できる ☐		
	園児引き渡し	保護者への園児の引き渡しは、園舎内で保護者と園児の関係が ①「ふだんから十分判明している者」 ②「判明した者」 だけに行う			全職員が 理解している ☐
	心得	園舎内に園児を「預かっておく」ことも安全上確実な対応である 園児の「命と体の安全」が最大の優先事項			全職員が 理解している ☐

重要 このページはコピーをとり、各園で危機管理計画を策定・改訂するとき、また、日頃の防犯訓練などの際に、定期的に確認し、繰り返し活用してください。

Check! "危ない人"から園を守る
いざというときのための イメージトレーニングカード

防犯でも防災でも、いざというときは、そのときに備えて決めておいた対応を"ぶれずに"しっかり実行することが重要です（→P.77）。そのためには、ふだんから「こういうときはこうする」という危機管理計画を定めておくことが大切です。そこでおすすめしたいのが、できるだけ多様な状況を想定した「イメージトレーニング」を繰り返し行うことです。

たとえば次のように、①場所、②起こったこと、③そのときどうする？ という3つのカード群をつくり、①と②を組み合わせ、その状況ではどうすべきかを③から探し、組み合わせをつくるトレーニングが有効です。38〜39ページの「危機管理計画プログラム」も参照しながら、「そのときどうする？」のかを職員全員で考え、共有しましょう。

①「場所」のカード（例）

園内	園の外周（日中）	園の外周（夕暮れどき・降園時）
園の建物内	お散歩の途中（裏通り）	公園で遊んでいるとき
バザーのとき 園の建物内	運動会の会場（小学校の校庭）	園外

②「起こったこと」のカード（例）

変な人がうろついていることに気づいた	知らない人が歩いていることに気づいた	不審者が侵入したことに気づいた
侵入者にばったり出くわした	不審者の目撃や犯罪発生情報があわせて月3回に及んだ	変な人に話しかけられたと園児が言った
さっきまですぐそばで遊んでいたはずの園児がいなくなった	園児を遊ばせているとき少し離れたところから園児を見つめている不審者に気づいた	園児のようすがいつもと違う（目がうつろ、口数が少ない、涙を流しているなど）

③「そのときどうする?」のカード（例）

- ●「新しい保護者かな?」「業者さんかな?」と思ったとしても、複数の職員で「こんにちは」「何かご用ですか?」などの「声かけ」をする

- ●1人で探そうとせず、周囲の人みんなで徹底的に探す（20分間）。地域の協力してくれる人々にも助けを求める
- ●20分で見つからなければ、ためらわず110番通報する
- ●引き続きみんなで探す

- ●園内で情報を共有し、注意を怠らないようにする
- ●掲示する防犯ポスターなどは「不審者は絶対に逃がさない!」など、「攻撃性」を強めた演出をする

- ●すぐに退き、侵入者との間に大人が両手を広げたくらいの（相手の手が届かない）距離をとる
- ●引き返して仲間に助けを求める
- ●110番通報する

- ●園児をまとめ、すみやかに少なくとも20mは不審者から離れ、園に戻る
- ●110番または警察署・交番に通報し、詳細を伝える

- ●すぐに抱きしめてあげて、どんなことがあったのかを本人に聞く。直前までその子と一緒にいた子や近くにいた子にも聞く
- ●被害を話さない子には無理に話をさせず、直前まで一緒にいた子やその保護者などに、知っていることがないか聞く
- ●被害にあったことがわかったら110番通報する

カードの組み合わせ（正解）例

場所	園の外周（日中）	園内	園外
起こったこと	変な人がうろついていることに気づいた	不審者が侵入したことに気づいた	変な人に話しかけられたと園児が言った
そのときどうする?	●複数の職員で「こんにちは」「何かご用ですか?」などの「声かけ」をする ●園舎の中からでも「声かけ」をする ●気づいたら、地域の警察署にパトロールを要請する	●110番通報する ●大声で叫び、助けを呼ぶ ●園内では今いる部屋の扉を閉め、鍵をかけてバリケードする。園庭の子どもは園舎に駆けこませて扉を閉め鍵をかける。職員は武器になるものを持つ ●各部屋に吊るしておいた防犯ブザーを鳴らして窓から外へ投げる	●もうだいじょうぶ、心配ないということを子どもにしっかり伝える ●110番通報する ●「男の人だった? それとも女の人?」「歳はお父さんくらい? おじいちゃんだった?」など、子どもが答えやすい択一の聞き方などで不審者の性別、だいたいの年齢、背丈、服装、時刻や場所などを把握する

重要 これらのカードは本書の内容に則した基本的な例です。園それぞれの構造や環境に応じて「場所」や「起こったこと」の想定を変え、「そのときどうする?」の内容を書き加えてください。園の安全担当者だけでなく職員全員で話し合い、考え、共有し「想定外」をゼロに近づけることを目指しましょう。

Check! いつも「心の余裕とイマジネーション」を忘れずに
園と保育者の 安心・安全診断チェックリスト

多忙のなか、安全を守るために日々備え、訓練も重ねていれば、どうしても「心の余裕」がなくなります。しかしそうなると、決めておいたことや訓練してきたことをいざというときに実行できない事態につながりかねません。「目配り」「気配り」を続け、柔軟なイマジネーションを維持し、ちょっとした異変を感じとる「勘」の鋭さを保つためにも心の余裕は欠かせません。

とはいえ、危機に対してはいくら備えても備えすぎるということがないため、「園と自分はどれくらいできるのか?」と不安になるものです。次のリストでは、その「どれくらい?」を診断できます。当てはまる項目にチェックマークをつけてください。最後にマークの数を合計し、診断表を確認しましょう。

		チェック項目	チェック
園の危機管理体制に関して	1	園の危機管理計画を作成した(自分もかかわった)	☐
	2	危機管理計画は「つくって安心」ではなく、年に一度は園の保育者・職員同士(非常勤も含む)で話し合い、更新している(自分も話し合いに参加している)	☐
	3	危機管理計画に沿って実際にシミュレーション(実践)している(どんな状況においても自分自身が動ける)	☐
	4	保護者や地域との情報共有・情報交換に努めている(園長や主任など管理職だけでなく自分自身も努めている)	☐
	5	学区内の不審者情報が流れてきたら「またか」「うちの園児は巻きこまれていないし」などと思わず、常に対応の仕方を考えて動ける(自分も考えて動ける)	☐
	6	学区内の不審者情報などが流れてきたとき、どう動けばよいか、管理職、担当の保育者以外の者も知っており対応ができる(自分も知っており動ける)	☐
	7	保護者から犯罪や災害などに関する情報提供があったとき、保育者・職員同士(非常勤も含む)で共有し対応を考えられる(自分も考えて動ける)	☐
子どもとのかかわりに関して	8	子どもが「先生あのね、こんなことがあったんだ」と話してくれたら(事件・事故にかかわらず人間関係も含め、子どもからの相談や告白)、何をおいてもその子の話を聞き、真摯に対応をしている	☐
	9	子どもの服装が乱れている、登園したとき機嫌が悪いなど、子どものちょっとしたいつもと違うようすに気づけるようにしている	☐
	10	機嫌が悪いのはいつものこと、服装が乱れているのはいつものこと、と思っていても、体の状態(あざがないかなど)やいつもと違うようすに気づけるようにしている	☐
	11	⑨や⑩に気づいたとき、そのままにせず、ようすを見ながら園長や主任と相談し、保護者や専門機関に伝えるなどの行動がとれる	☐
	12	子どもの命やほかの人の命にかかわるような場面では、必ずルールを守るように指導している(園から飛び出さない、外に出たら保育者と離れてはいけないところでは離れない、話を聞くときはきちんと聞くなど)	☐
	13	1人ひとりの園児に、あなたのことが大切よ、という気持ちをもつことを忘れない	☐

	チェック項目	チェック
日頃の心がまえに関して	⑭ 日中忙しいなかでも、天気や園の外の人気などをときどき気にかけるようにしている	☐
	⑮ 登園・降園のとき、園の出入口の鍵を開けたままにはしない	☐
	⑯ 「まさかうちの園が」「まさかうちの園児が」と思わず、何が起きてもおかしくないと頭の片隅で思っている	☐
	⑰ 危機のときに何を優先しなければならないか、折に触れて思い出す	☐
	⑱ 不審者が侵入したときや危機的状況のとき、なりふりかまわずものを投げる、噛みつくなど、ためらわずに園児を守り切る覚悟はある	☐
	⑲ さまざまな危機が起きたときに自分がどう動くべきか腹を決めている	☐
	⑳ 保育者（自分）自身の安全も守るよう努めている	☐
	チェックマークの数の合計	個

園と保育者の「心の余裕とイマジネーション」診断表

15〜20個 本当にお疲れ様です。園児や園の安全のためにいつも万全の気配り・心配りをありがとうございます。ときにはゆっくり休んでくださいね。ただし、チェックマークのついていないところは見直しましょう。

8〜14個 園児や園の安全のためにいつも努めてくださりありがとうございます。チェックマークがついていないところは、もう一度、園全体で考えて取り組んでみましょう。あとひと息です。お忙しいと思いますが、よろしくお願いします。

1〜7個 毎日お忙しく大変なことと思います。でも、何かあってからでは取り返しがつきません。一度、園の体制・態勢を職員全員で見直しましょう。不安なことなどは、早めに警察などに相談しておきましょう。地域の方や保護者も「園の応援団」に巻きこみましょう。

 重要 このチェックリストはコピーをとり、一度だけでなく定期的に繰り返し活用してください。

いざというときに とるべき行動

どのような対策を施しても、犯罪を100パーセント防げるとは言いきれません。万が一、園や子どもたちをねらう犯罪者が園に侵入してきた場合にどうすべきか。ここでは、そんな「いざというとき」にとるべき基本的な対処を紹介します。

覚えておくべき絶対の基本

1. 保育者が「動揺」したり、「倒れる」ことは、子どもたちの命の危険とパニックに直結する
2. 「110番」通報し、警察が来るまでの「7分間」を頑張る！

保育者の心がまえ8箇条

1. 「先手必勝」と考える。「怪しい」と思ったら「危ない」
2. いかなるときも子どもの安全を最優先する！
3. 保育者が逃げるのは最後。園児の命と安全を守り、無事に逃がすのが先
4. 仲間を呼び、助けを求める。すぐに通報する！
5. 保育者は子どもたちと不審者の間に立ち、落ち着いて対峙する
6. 2人で戦う。1人で戦い勝利をおさめるのは容易ではない
7. 犯罪者と戦うときは、ためらわない！「恥ずかしい」などと思わないこと！
8. 「後悔先に立たず」。できることを何でもする！

ふだんからの5つの備え

1. 園長以外に正・副2人の「安全担当者」を決めておく（→P.30）
2. 安全担当者2人の役割は、
    ❶何かあったときに備えた園の安全体制の強化
    ❷何かあったときの交渉窓口
    ❸園内外の安全情報の収集・蓄積・整理・分析
    ❹❸に基づく園の安全行動指針の策定と実行
3. 「危ない」と思ったとき、それを共有する合図・サインを危険度別に決めておく
4. 年1回、園庭や園舎に不審者が侵入した想定での訓練を行う
5. 警察など外部の連絡先電話番号・担当課名などを目につく場所に掲示しておく

子どもを守る・保育者も守る「12」の鉄則

鉄則 ① 「110番」し、警察が来るまでの7分間を頑張る！

園に不審者が入ってきたら、警察に「110番」通報しましょう。通報は2人で。1人が電話をかけ、もう1人は横についていてあげてください。110番したら、ていねいな受け答えは不要です。一方的に「園の簡単な住所・名称」と「助けて！早く！急いで！」と言うだけで話は通じます。

110番通報をすれば「7分」で警察は来ます（全国平均）。その7分間を頑張り、子どもたちを守り抜くことが重要です。次の鉄則2〜11を実践し、「時間かせぎ」をしてください。

しかし、非常時の7分間は、とても長く感じられるものです。「いざというとき」を想定し、時間を計りながら、7分間とはどのくらいの時間なのかを経験しておくとよいでしょう。

助けを求めよ！

警察だけでなく消防（救急車）や園周囲の家・人にも助けを求めましょう（110番しただけで救急車へ通じている場合もあります）。

※警視庁の目標とするリスポンス・タイム（通信指令室が110番通報を受理し、パトカーに指令してから警察官が現場に到着するまでの所要時間）は5分です。

鉄則 ② 精一杯の大声を出す

園に不審者が入ってきたことに気づいたら、ためらわず大声で叫びましょう。「狂気」を思わせるほど、最大音量の声を出して。大声で叫ぶことは、助けを求めるにも、相手をひるませるにも有効です。

しかし、いざというときに大声はなかなか出せないものです。大声を出す練習をしておきましょう。体をくの字に折り曲げて、腹の底から精一杯の大声を絞り出してください。

子どもたちと練習！

「危ない」と思ったら、精一杯の大声を出す。これは自分で自分の身を守るための最も基本的な「安全基礎体力」です。恥ずかしがらず大声で「助けてー！」と叫べる勇気を子どもたちにも身につけさせましょう（→P.64）。

 重要 「園の危機管理計画」のためのシート（→P.38〜39）を繰り返し活用しながら、いつでも実践できるように準備してください。

鉄則 3　自分が怖いときは相手も怖いと思い、じっと対峙する

侵入者と対峙することは、保育者にとって大きな恐怖です。しかし、怖い気持ちは侵入者も同じ。自分が怖いときは、相手も心の中でふるえていると思ってください。落ち着いて、相手をよく見て、対峙しましょう。

鉄則 4　ばったり出会ったときは、まず離れる

危ないのは「侵入者とばったり出会ってしまったとき」です。保育者も驚きますが、出くわした侵入者も驚きうろたえ、持っていた刃物などを思わず突き出してしまうことがあるからです。犯罪者とばったり出会ったら、あわてず、①すぐに大人が両腕を広げたくらいの（相手の手が届かない）距離を開けて相手から離れる、②引き返して助けを求める。この2つができるようにしてください。

とはいえ、侵入者と出くわしても驚かずに冷静に行動するというのは容易ではありません。ふだんから警戒を怠らないのと同時に、「何かおかしい」「ふだんと何かが違う」といったことを感じとり、危機を察知する能力、あるいは「野生の勘」のようなものを鍛えたいものです。

鉄則 5　必ず2人で戦う

「スキ間を埋める安全づくり」の「鉄則14 ダブルキャスト（2人対応）で守備を固める」（→P.30）を忘れないでください。園に侵入してくる犯罪者はたいてい1人ですが、保育者1人で戦い、勝つのは容易ではありません。相手が男性で保育者が女性の場合などは、とくに困難と考えてください。

仲間を呼び、助けを求めてください。「おまわりさん！ こっち！」などと叫んだりもしましょう（その場や外にいなくても）。鍵と同じで「二重の防備」が大事です。「怪しいな」と思った人物に声をかけるときにも、必ず2人で行きましょう。

鉄則 ⑥ 「狂ったように」ものを投げつける

相手の動きを止め、ひるみやすい顔もしくは足元を目がけてイスでもマグカップでも、身近にあるものを投げつけましょう。容赦せず、躊躇せず投げる。できれば複数人で投げつけましょう。
ただし、この戦い方が通用するのも相手によるので注意が必要です。逆にものを奪われ、凶器となる可能性がないとは言えません。しかし、子どもたちを守り、保育者自身を守るためにも、最後まであきらめず、できることは何でもすべきです。

サスマタを過信しない

「サスマタ」が多くの園にありますが、使い方を知らないと、逆に奪われるなど危険な場合があります。

鉄則 ⑦ つかまれたら「腕ぶんぶん」

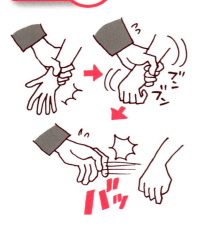

侵入者に腕や手首をつかまれたときは、どうすればよいでしょうか。相手から離れたい一心で、思わずまっすぐに引っ張って逃れようとすると思いますが、それでは腕を抜くことができません。まっすぐに引っ張るのではなく、腕を横に激しく振って抜く「腕ぶんぶん」をしてください。そうすれば、相手の親指と他の指の間から抜くことができます。

子どもにも「腕ぶんぶん」を

「腕ぶんぶん」ができれば、子どもでも脱出が可能です。年長さんになったら練習できるようになります（→P.71）。

鉄則 ⑧ ためらいなく噛みつく

腕や手首をつかまれ、「腕ぶんぶん」でもほどけない。でも、最後まであきらめないでください。そんなときは、相手の手や腕にためらいなく噛みつきましょう。
人間の噛む力は思いのほか強く、噛みつかれた犯罪者は激痛に声を上げ、ひるんで腕をほどきます。そのスキに離れてください。実際、噛みついて助かった事例は多くあります。うしろからいきなり抱きかかえられてしまったときにも有効です。

噛みつきで犯人特定!?

犯罪者の腕や手に噛んだ人の歯型が残り、それが犯罪の証拠になることもあります。

鉄則 9　避難所（アジール）に子どもたちを逃がす

「スキ間を埋める安全づくり」の「鉄則15」（→P.30）で述べた「避難所（アジール）」に子どもたちを移動させ、かくまいましょう。
子どもたちが全員避難所に入ったら内側から鍵をかけ、バリケードにも使えるように用意しておいた机や箱を扉の手前に置いてください。また、同じく用意しておいた武器にできるものを取り出して手にもちましょう。

園庭にいる子どもに注意！

不審者が現れたとき、子どもたちが園庭にいる場合は、園舎の中へ（園舎と別の建物に避難所がある場合はそこへ）駆けこませてください。子どもたちが全員駆けこんだのを確認し、保育者は園舎・避難所の扉を閉め、扉のすぐ内側に立ちましょう。

鉄則 10　園の外に危機を知らせる

警察や消防（救急車）だけでなく、園周囲の家・人にも助けを求めましょう。電話以外でこのときに出番を迎えるのが、「スキ間を埋める安全づくり」の「鉄則10」、各部屋に吊るしてある防犯ブザーです（→P.28）。
不審者が入ってきたら、近隣の人が異変に気づいてくれるよう、防犯ブザーを鳴らして窓から外へ放り投げましょう。

近隣を味方につけよう！

いざというときにご近所さんの助けを得るには、園を地域から孤立させず、ふだんからのご近所づきあいを大切にしましょう。園に関心をもってもらい、子どもは園だけでなく、保護者、近隣の家や施設などまわりの大人たちが見守り育てるものという空気も醸成していきたいものです。「スキ間を埋める安全づくり」の「鉄則16 ご近所づきあいを大切に」（→P.31）を参照してください。

鉄則 ⑪ 「怪しい」と思ったら「危ない」。先手必勝！ 連れて逃げる

子どもたちと公園で遊んでいたところ、知らない人がじっとこちらをうかがっていることに気づいた——。話しかけてきたり、近づいてきたり、あとをつけてくるなどの行動に出てはいませんが、「怪しい」と思ったら「危ない」と考えてください。子どもたちとまとめ、すみやかにその場を離れ、その不審者から最低20mの距離の（→P.22）ところまで移動しましょう。

危険予測を子どもたちにも

怪しい人の5つの特徴の合言葉「はちみつじまん®」（→P.21）をよく覚えてください。年長さんになったくらいから、子どもたちにも教え始めましょう。

鉄則 ⑫ 「殺すぞ！」と言われても心はひるまない

刃物や工具など、凶器となるものを手にしている侵入者に「殺すぞ！」と脅された——。そんなとき、どう対処すべきでしょうか。絶対に心はひるまないでください。そして、できるだけ早く助けを呼びましょう。

侵入者に「殺すぞ！」と言われて本当に殺されてしまったケースはまれです。侵入者は、ほとんどの場合、殺すつもりはありません。ただし、「もののはずみで」で刺されるなどのケースはあるので、決して油断しないでください。助けを呼ぶ方法（たとえば、少しずつうしろに下がって侵入者と距離を開けていき、鉄則①②⑤⑩などを実行する）は必ず決めて、シミュレーション練習をしておきましょう。

プラスα 被害を話す子・話さない子
――「勘」を磨くトレーニングのすすめ

はじめに――「つばはき事件」

　園児が被害にあった最近の犯罪の特徴は、かわいさからの「つれまわし」「性」がらみ、あるいはそれに類する「わいせつ的行為」の多さです。たとえば2016年に首都圏のある都市公園で、1人遊びをしていた園児に男が近寄り、「おじさんの靴にツバを吐いてくれないかな〜」と言ったという事件がありました。幸いその子は、なんの危害も加えられなかったのですが、保護者や園の先生方にとっては、それが「犯罪」かどうかということ以前に、背筋が凍りつくような「つばはき大事件」だったはずです。

　76ページで述べるように、こうした被害にあっても、多くの子どもは被害を受けたことを周囲には話しません。私たちの全国調査では、「怖い目にあった」小学校低学年の子の5人に1人が「大人の誰にも話していない」と答えています。話せない理由は、「何が起きたのかよくわからない」「お母さんが心配する」「自分が悪かった」「怒られてしまう」「たいしたことではない」「話すとまた怖い目にあうかもしれない」といったもの。被害を「被害」と思っていなかったり、コミュニケーション力が未成熟で大人に上手に伝えられないこともあるでしょう。

　ここでは、園外において園児が「つばはき事件」のような被害にあったとき、被害にあったことを大人に話してくれる子とそうでない子の場合に分け、それぞれの対応方法を紹介します。

被害にあったことを子どもから聞いたとき

　「大変なことにあった」と子どもがおびえているときは、まず、誰の目も届かないところで、（できれば子どもがいちばん信頼している）保育者が「だいじょうぶ、先生がついているからね」と言って抱きしめてあげてください。

　そして抱きしめている間に、「何があったか」ではなく、加害者は①どんな顔で、②どんな大きさで（背丈）、③どんな色の服だったかをできるだけ具体的に聞き出しましょう。これらがわかったら周囲の人に伝え、周囲の人が警察や保護者、園、自治体の危機管理課などに連絡してください。これは「加害者をつかまえる」ためであると同時に「第2の被害児を出さない」ようにするためにも重要です。

　「たいしたことはない」「被害はなかった」などと決めつけてはなりません。加害者のした行為は、たやすく繰り返されます。そして繰り返されるたびに悪質化し、最後は大事件となるでしょう。幼い子どもが被害者となる「ささいな事件」は大きな事件と考えなければならないのです。

　最初に子どもを抱きしめていた人は、周囲が上記のような動きを進めている間に、子どもの声や被害状況により深く耳を傾けましょう。

　対応の基本は、①スピード（ためらわない）、②スクラム（みんなで解決する）、③警察などにきっぱり連絡する（通報を大げさと思わない）の3点です。これを覚えておいてください。

子どものようすから「なんだか変だな？」と思ったとき

　変なことや危ないことにあった子は、ようすや行動が変化します。たとえば、①目がうつろ、②声がいつもより小さい、③ふだんおしゃべりなのに寡黙、④手がふるえている、⑤涙が止まらないなどです。これらのサインを感じとったら、すぐに抱きしめてあげてください。そして、その子だけではなく、直前までその子と一緒にいた子や近くにいた子に、どんなことがあったのかを聞いてみるのもよいでしょう。被害について無理に話をさせる必要はありません。直前まで一緒にいた子やその保護者に「何か知らない？」

と聞いてみるのもよいでしょう。

　被害にあった子の恐怖心は、保育者、保護者で力を合わせて手当てしてあげてください。子どもは心の傷を修復する「レジリエンス」と呼ばれる力をもっていますが、それは、みんなで手当てをしてあげて初めて発揮される力です。

子どもを見守る「勘」のトレーニング

　保育者や保護者は、子どものようすがふだんと違うことをすばやく感じとれなければなりません。その「感じとる力」とは、ひと言で言えば「勘」です。勘は、経験を積むことで得られますが、トレーニングでも十分に体得が可能です。保育者は、次のような勘を磨くトレーニングをぜひ積極的に行ってください。

ステップ1

❶ 保育者（A先生）が、自分が見守る責任を負っている園児から10人ほど選ぶ

❷ 園長が、その園児たちの保護者から1人を選んで、その保護者に手紙を渡し、次のことを依頼する
「明朝、お子さんにこの手紙をもたせて、『お昼に園長先生だけにこのお手紙を見せてね。大事な物だから、この手紙をもっていることはA先生にも教えたりしゃべったりしたらダメよ』と伝えてください」

ステップ2

❶ あくる朝、園長がA先生に次の課題を出す
「朝の1時間のうちに、子どもの行動を見ながら、どの子が手紙をもっているかを当ててください。回答は2回まで。その子がもっていると考えた理由が大切です」

❷ A先生は、理由を挙げながら手紙をもっている子どもを見つける

　「目配り」と「気配り」を欠かさず「勘」を働かせる。このことで、たくさんの危機を防ぐことができます。ぜひこれを「め・き・かん」と覚えましょう。犯罪に限らず、子どもの病気、友だちからのいじめ、家庭のようすなどについても、早期の解決に「め・き・かん」が必ず役に立つはずです。

いざというときのお役立ち防犯グッズ

『ひろばブックス』編集部から安全対策用品のご紹介！

ネットランチャー付防犯セット　商品番号：42005

ネットランチャー、護身スプレーなどの防犯必須アイテムをひとまとめに。女性も使いやすい頼れる防犯セットです。

63,000円（＋税）

寸法：縦26.5×横46×高さ23.3㎝　重量：3.5kg
セット内容：ネットランチャーST、護身・護金スプレー×2、伸縮警棒41㎝、ロープ5m×2、収納ケース

ネットランチャー付防犯セット

ネットランチャー

ネットランチャーで相手の動きを止め、複数人がサスマタで取り押さえ

防犯用催涙ガススプレー　商品番号：13555

3,950円（＋税）

即効性のあるマスタードと唐辛子ガスにより、相手の動きを数分間止めることができます。同時にピンクのカラー塗料も噴射されますので、相手の衣服に付着し、逃走した場合の識別に役立ちます。

寸法：直径4.5×高さ17㎝
成分：辛子オイル、
　　　プロピレグリコール
連続放射時間：20秒
噴霧距離：2m
保管期間：3年
内容量：135mℓ

防犯カラーボール　商品番号：13556

3,900円（＋税）

侵入者に目がけて投げます。相手に命中するか地面に落ちると、ボールが割れて内容物の特殊塗料が飛散し、相手に付着します。特殊塗料は蛍光色で目立ち、洗い流すことが困難です。

寸法：縦9.5×横18×高さ9.5㎝
ボール：直径7.2㎝　材質：水性塗料
セット内容：2個入り　重量：1個／100g

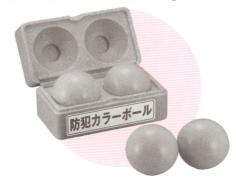

お問合せ・ご注文は、貴園にお伺いしている弊社特約代理店、または株式会社メイトまで ☎03-5974-1700（代表）

Part 3

子どもを育てる
——ゼロ歳からの安全教育

声をかけられても「イヤです!」ときっぱり断れる、危ない目にあいそうになったら走って逃げられるなど、自分で自分を守る力が安全の基本です。園児たちは、そうした力の基礎となる「走る」「見分ける」「叫ぶ」などの力を、日々の遊びや生活行動を通じて育んでいけます。

Check! "危ない人"から子どもたちを守る 子どもの「ねらわれやすい度」診断チェックリスト	**P.54**
安全な未来へ踏み出す初めの1歩	**P.56**
1人で安全に通学できるように	**P.60**
ふだんの遊びで育む安全基礎体力	**P.62**
プラスα 万が一のときの行動原則	**P.77**
本書に登場した安全教育「合言葉」集	**P.78**
Q&A こんなときはココに相談	**P.79**
安全教育とは何か——英国に学ぶ	**P.80**
Check! 小学校へ1人で安全に通えるように 「初めての行ってきます」チェックリスト	**P.84**

Check! "危ない人"から子どもたちを守る
子どもの「ねらわれやすい度」診断チェックリスト 年長さん向け

犯罪者は、「ねらいやすい」と思う建物をねらい、「ねらいやすい」と思う人間をねらいます。「ねらいやすい子ども」とは、どのような子どもたちでしょうか。

チェックリスト ①

次の項目により多く当てはまる園児ほど、犯罪者にとっては「ねらいにくい」子どもです。項目①〜⑧は、子どもの「社会性」にかかわるもので、これらがきちんとできる子ほど、犯罪者にとっては手を出しにくい存在です。必要に応じ、園児本人だけでなく保護者にも尋ね、当てはまる項目の点数を○で囲んでください。最後にその点数を合計し、診断表を確認しましょう。

ふだんの行動と危機の経験から

		チェック項目	点数	
社会性にかかわること	①	ふだんから保育者や友だちにあいさつがきちんとできる	14	
	②	嫌なことは「いや」としっかり言える	16	これだけはチェック！
	③	保護者と一日の出来事を話している	9	
	④	人（とくに担任の保育者や保護者）の言うことを、聞くべきときにしっかり聞いている	10	
	⑤	まわりの出来事にきちんと注意を向けている	10	
	⑥	外に出かけたときなど、保育者や保護者から離れて勝手に歩きまわっていない	11	これだけはチェック！
	⑦	通りを歩くときに、しっかり前を見て歩いている	3	
	⑧	園から帰ったあと、1人で勝手に外を歩きまわっていない	12	これだけはチェック！
これまで	⑨	犯罪だけでなく交通事故なども含めて、この1年間に「なんだか危ないな」「ハッと」「ヒヤッと」思ったことがあった	10	
	⑩	この1年間に、通園中や町に出かけたとき、知らない人から親しげに声をかけられたことがあった	5	
		合計	点	

子どもの「ねらわれやすい度」診断表

80〜100点	だいじょうぶ！ 笑顔で見守ってあげてください。
50〜79点	やや安心です。お子さんをみんなでしっかり見守ってあげてください。
20〜49点	とくに現状に問題がなくても、一度、お子さんとそのまわりを見直してはいかがでしょうか。
0〜19点	心配です。お子さんやまわりの安全診断をすることをおすすめします。

チェックリスト ② 「犯罪者から見た」ねらいやすい特徴	次のリストは、犯罪者の視点で見た「ねらいやすい」子どものおもな特徴です。左のチェックリスト①と内容の重なる部分もありますが、「そうだ」と思う項目のチェックボックスにマークをつけてください。該当する項目が少ないほど「ねらわれやすさ」の度合いは低いですが、1つでも該当するなら、それが取り返しのつかない事件につながる場合もあることを意識し、改善するようにしましょう。		
	チェック項目		チェック
① 服装が乱れている	肌の露出部分が多い		☐
	服が汚れている、着方が整っていない／だらしない		☐
	髪型や服装が年齢にふさわしくない		☐
② きっぱりした態度がとれない	不審者に声をかけられてもきっぱり断れないなど、しっかりとした対応ができない		☐
	歩くようすがぼんやり、フラフラしている		☐ これだけはチェック！
	周囲を注意して見ていない		☐
③ 1人でいる	1人で歩いている／遊んでいる		☐
	周囲から浮いている		☐

重要

このチェックリストはコピーをとり、一度だけでなく定期的に繰り返し活用してください。

また、保護者の方にもコピーを配り、チェックしてもらうことで、園と一緒に子どもたちの安全への意識を高めてもらいましょう。

チェックリスト②は、大きくは3つのポイントだけです。ぜひ今すぐに覚えて、日頃から子どもたちのようすを確認するようにしてください。

55

安全な未来へ踏み出す初めの1歩

大人になるため必要な力「安全基礎体力」

　赤ちゃんに自分の身を危険から守る能力はありません。100パーセント、保護者の庇護のもとに育ちます。赤ちゃんを守るのは大人の「愛」です。

　では、幼稚園・保育所・こども園へ通うようになったら、どうでしょう？

　自分で身を守り、危機を自力で回避することのできる「安全基礎体力」は、就学前の子どもには、まだほとんど身についていません。ですから、保護者や園の先生、地域の大人など、子どもたちの生活圏にいる人々が目を離さず、しっかり見守らなければなりません。

　すると、「子どもの安全教育」とは何なのでしょうか？

　それは、ひと言で言えば「子どもを大人にしていくための教育」です。大人とは、①危機を乗り越える体力をもち、②危機への知識と危機を避けるすべを身につけており、③誰とでも言葉や身振りで思いを交わせて、④自分で物事の選択肢を並べて選び、選択の結果に責任が持てる人。この「大人の4条件」を少しずつ身につけていく「子どもから大人への人づくり」が「子どもの安全教育」です。

　また、就学前の子どもは、人間関係の基本を無意識のうちに体得する大切な段階にあります。自分たちを見守り、育て、愛してくれる大人たちと心の絆を強めることから安全教育は始まります。

4つの力で成り立つ安全基礎体力

　安全の基本は「自分で頑張る」ことです。ですから、安全基礎体力とは「自分で頑張れる力」にほかなりません。あらゆる危機に直面してもへこたれず、自分で頑張って危機を乗り越えて生きていく力を持っている——それが自立した大人に育てること。子どもの安全は、突き詰めれば、そういう大人に子どもを育てていくことによって守られるのです。

　では、子どもを大人に成長させる安全基礎体力とは具体的にどんな能力なのでしょうか。それは、次のような4つの力によって成り立っています。

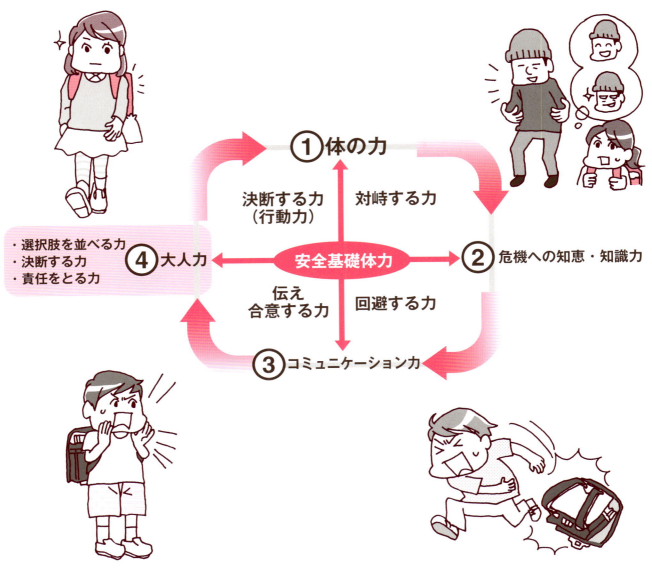

① 体の力

危ない目にあいそうになったとき、逃げて危機を回避するためにまず欠かせないのが体の力です。ダッシュで走る、腕を振り切る、サッとしゃがむ——瞬発的に動ける基礎的な体力をつけることが大切です。

② 危機への知恵・知識力

そもそも、どんなことをする人が怪しくて危ないのかがわからなければ、今目の前で起きていることが危機なのかどうかさえわかりません。事前に回避し、乗り越えて脱出するための知恵を身につけます。

③ コミュニケーション力

路上で声をかけられても「イヤだ！」「行かない！」ときっぱり断る力。「変な人に声をかけられたよ」と保護者に伝えられる力。危機に対応し、危機を周囲に伝えられる言葉の力も求められます。

④ 大人力

①〜③のような力を通じて、自分で判断し、決定し、責任をとる力。そうした自立する大人になることが最も大切な力です。

57

安全教育も発達段階に応じた指導を

安全基礎体力づくりは大人になるための取り組みですから、防犯訓練や防災訓練のように年に何度か行うだけでは意味がありません。ふだんの教育のなかで次第に身についていく力です。そこでは子どもの成長に応じて導くことが求められます。また、右の3つのこともしっかり教えていきましょう。これらが安全基礎体力を向上させていくうえでの基本となります。

①自分を大切にする
- あなたは「命」というかけがえのないものをもっている
- その「命」は自分自身で守ることが大切
- まわりの大人もあなたを一生懸命に守っている

②友だちを大切にする
③まわりの人の言うことをしっかり聞く

子どもの安全基礎体力の向上

子どもの学年(年齢)	安全基礎体力の特徴による段階分け	子どもが身につける安全基礎体力	保護者が発揮すべき力	学校・地域・警察が発揮すべき力
中学校2年生(13～14歳)以上	公助段階	誰とでも、どこででも助け合う力	スクラムを組む力	スクラムを組む力
小学校4年生(9～10歳)～中学校1年生(12～13歳)前後	共助段階	みんなと一緒に助け合っていく力	見守る力＋子離れする力	見守る力＋スクラムを組む力
年長さん(5歳)～小学校3年生(8～9歳)前後	自助段階	自分で自分のことができる力	見守る力＋寄りそう力	見守る力
0歳～年中さん(3～4歳)前後	前自助段階	まわりの人に力一杯甘える力	寄りそう力	見守る力

前自助段階　0歳から年中さん（3～4歳）前後は「前自助段階」。年中さんは自分で自分のことができつつあるものの、まだおぼつきません。4歳くらいまでの子どもには、大きな声であいさつしたり、今日あったことを一生懸命に話したり、まわりの大人に力一杯甘える力をつけさせましょう。

自助段階　年長さん(5歳)から小学校3年生(8～9歳)前後までは「自助段階」。このくらいの年齢になると、自分で身を守る力を育めます。走る、引っ張る、しゃがむ、すばやく動く……などの、危機を回避する基礎的な体力づくりが大切です。

共助段階　小学校4年生（9～10歳）から中学校1年生（12～13歳）前後までは「共助段階」。みんなと一緒に助け合っていく力もつけます。友だちが危ない目にあいそうになったのを見たら防犯ブザーを鳴らす、まわりの大人にすぐ知らせる、などです。「瞬間ボランティア®」（→P.31）の始まりです。

公助段階　中学校2年生（13～14歳）以上は「公助段階」。誰とでも、どこででも助け合う力をつけます。不審者を見かけたら110番する、町をきれいにして犯罪者を寄せつけない、などの「瞬間ボランティア®」（→P.31）もこの年齢になったら十分にできます。

こうしてみると、幼稚園・保育所・こども園の「前自助段階」「自助段階」での取り組みがいかに大切かがわかると思います。安全基礎体力づくり"初めの1歩"の年齢でしっかり取り組んでおけば、小・中・高と進むにつれて、お互いに助け合える、自立した責任感の強い大人への成長を促すことができるのです。

どんなことが危ないか、少しずつ知る

就学前の子どもにも身につけることができる安全基礎体力づくりの1つとして「あいさつ」が大切だと述べました。子どもから大人へのあいさつは、子どもを見守る地域の目につながります。そして、信頼できる大人がたくさんいることを感じとり、知ることは、安全基礎体力を培ううえで最も大切なことです。そのため、あいさつは奨励すべきですが、1つ問題があります。

誰でも彼でも、見知らぬ大人にもあいさつする必要はありません。少しずつ、あいさつする人を広げていけばよいのです。園までの道でいつも見守ってくれる近所の人などには親子でしっかりあいさつをしましょう。気持ちよくあいさつし、心を通わせる経験はとても大切です。

子どもに対して不審な行動をとる人のほとんどは、何らかの接触サインを発します。話しかけるだけではありません。笑いかける、チラチラ見る、まわりをブラブラ歩く、まっすぐ歩いて向かってくる……。犯罪者は身振り手振りを使って、子どもと何らかのコミュニケーションをしつこく求めてきます。

あいさつとは、生活圏を共有する親しい人との間に交わされるもの。町ですれ違う見知らぬ人にいちいちあいさつはしません。知らない大人にあいさつする必要はないし、知らない大人からいきなりあいさつされるのは変なこと。この基本を子どもたちに体得させましょう。

犯罪者は、あの手この手で話しかけ、子どもに接触しようとします。

「○○はどこ？ この辺くわしくないから案内してくれる？」などと親切心につけこむ。「大変だよ！ お母さんが事故にあって入院したんだ、すぐ行こう！」などと緊急事態を装う。「あそこの家の裏にかわいい子猫がいるよ、一緒に見に行かない？」などと好奇心をくすぐる……などなど、幼い心をあざむく卑劣な手段をとります。

園の先生や保護者が不審者役となり「おうちの人や先生以外からどんなことを言われても絶対についていかない」体験学習をしましょう。

1人で安全に通学できるように

就学前に学ばせたい合言葉

　小学校に入ると、今までの親子通園と異なり、子どもたちは1人で通学することになります。毎日無事に「行ってきます！」「ただいま！」が言えるように、安全に登下校できる力を就学前から少しずつ身につけていきましょう。

　そのためには、どんな場所が危ないのか、どんな人に気をつければよいのかを知る必要があります。それを伝える手助けとなるのが「ひまわり®」と「はちみつじまん®」。保育者が不審者を演じる、紙しばいにして見せるなど、子どもたちが自然と興味をもつように伝えていきましょう。

ひまわり® 怪しい場所の4つの特徴

- **ひ** とりだけになるところ
- **ま** わりから見えない（見えにくい）ところ
- **わ** かれ道、わき道や裏道の多いところ
- **り** ようされていない家（空き家）や公園など人が誰もいないところ

はちみつじまん® 怪しい人の5つの特徴

- しつこくなにかと**は**なしかける人
- 理由もないのに**ち**かづいてくる人
- あなたが来るのを道の端でじっと**み**つめてくる人
- いつでも、どこまでも、いつまでも**つ**いてくる人
- あなたが来るのを**じ**っと**ま**っている人
- こういう人に会ったら**ん**？と注意

「ひまわり®」のような場所には決して1人で近づかない。「はちみつじまん®」のような人がいたらすぐにその場を立ち去って、保護者や先生に「変な人がいたよ」と話す。そんな習慣を幼いうちからつけておきましょう。園での安全基礎体力づくりは、危機を予測し、回避し、そして克服する能力を育み、子どもたちの将来の安全を保証するのです。

コラム 犯罪者は社会性をもった子どもを避ける

　犯罪者はどんなようすの子どもに注目するのでしょうか。1人遊びをしている。1人ぼっちで歩いている。まずはこういう子どもに目をつけます。友だちと一緒にいたとしても、どことなくぼんやりしていたり（犯罪者は「変なことや怪しいことを心に留めない子だ」と思う）、フラフラしていたり（犯罪者は「まわりの環境によって心が空っぽになっている」と思う）、ウロウロと輪から外れがちだったり（犯罪者は「自分の興味・関心が中心でどこへ行くかわからない子だ」と思う）、キョロキョロよそ見をしながら歩いている（犯罪者は「そのときその場で自分の興味・関心に熱中し、肝心なことが見えていない」と思う）ような子どもに目がいくのです。

　そして、話しかけてみたら、うつむいたまま固まってしまい、なにも言えなくなる子ども。犯罪者は「こういう子は人の言うことにさからえない」と思い、自分のペースに巻きこみ、いたずらしやすいと判断します。

　実際、もじもじと固まってしまう子どもは多いのです。また、話しかけられたり、いたずらされたりしても、そのことを大人に伝えない子どもも少なくありません（→P.76）。

　なぜ話さなかったのか、その理由として挙げられるのは「何が起きたのかわからない」「お母さんが心配する」「自分が悪かったと思い、怒られるのがいや」「話すとまた怖い目にあうかもしれない」「たいしたことではない」などです。

　以上のことを逆から見ると「犯罪者が敬遠する子ども像」が浮かび上がってきます。つまり……

- いつも友だちと一緒にいる、1人でいてもきっぱりとした態度をとれる
- 歩くときはまっすぐ前を向き、まわりにも注意を払っている
- 大人に話しかけられて、おかしなことを要求されても「イヤです！」「行きません！」ときっぱり断れる、家族以外にはついていかない
- 危ない目にあったらすぐ保護者や保育者や周囲の大人に伝え、不審者の特徴も言うことができる

　社会性があってコミュニケーション能力の高い子どもを犯罪者は嫌うのです。言い換えれば、そういう子どもを育てるのが安全基礎体力づくりの目的でもあります。この社会性は、保護者や保育者などまわりの人との練習で、十分に育てることができます。

ふだんの遊びで育む安全基礎体力

　就学前の子どもの安全に周囲の大人が気を配るのは当然です。一方で、危ない目にあいそうになったとき自分で乗り越えていける力も少しずつ育んでいかなければいけません。

　幼い子でも、犯罪から自分の身を守る最低限の方法があります。それを標語にしたのが「ハサミとカミはお友だち®」。これらは、ごく基礎的な体力とコミュニケーション力に基づいた動作ですから、日々の「ごっこ遊び」や生活習慣の指導を通じてその基礎を十分育むことができます。それぞれの動作と、それを身につけるための遊びや生活行動を年齢別に紹介しましょう。

ハサミとカミはお友だち® 危機を乗り越える7つの動作
（赤字の項目は、小学校入学前に一度は練習しておきましょう）

は しる
① 20mは走って逃げよう
② リュックサックやカバンを持っているときは、相手の手前6mから走って逃げる
③ 何も持っていないときは、相手の手前4mから走って逃げる

さ けぶ
① 大きな声をまず出す
② くの字に体を曲げて声を出す
③ 大きく手を振りながら声を出す（周囲の人に気づいてもらいやすくなる）

み る
① 前を見てしっかり歩く
② 怪しい人は「はちみつじまん®」（→P.21）で見分ける
③ 怪しい場所は「ひまわり®」（→P.19）で見分ける

と びこむ
① 追いかけられたら、いちばん近い家に「助けて！」または「ただいま」と言って飛びこむ
② 声が出ないときは、家のドアをたたく
③ 何が起きたかをすぐに大人に伝える
④ ふだんから通学路の家やお店に子どもと一緒にあいさつしておく

か み つく
① 防犯ブザーを鳴らす
② 手首をつかまれたら「腕ぶんぶん」（→P.71）で腕を横に抜く
③ 「腕ぶんぶん」でも抜けないときは、お尻を地面につけて足をジタバタさせ相手のスネを蹴る（→P.71）
④ 逃げられないときは、相手の指や手首に噛みつく（→P.71）

は っきり、きっぱり断る
① 73ページの「声かけの危ない言葉」をかけられたらはっきり断る

お友だち と 助け合う
「困っているな」と思う人に出会ったら、
① 声をかける
② じっと見守ってあげる
③ そのとき自分が被害にあわないために、離れたところから声をかける

「走る」──危ない人から逃げられるように

犯罪者は、20m追いかけて子どもをつかまえられなければ、あきらめる傾向があります。つまり、「20m逃げきる」ことが大切。年長さん（5歳）になったら、その練習をしましょう。

大人と子どもの走る速さの違いを考えると、犯罪者の少なくとも6m手前から逃げ出さなければいけません。ランドセルやバッグを持っていては走りにくいので「ためらわず投げ捨てる」「相手の顔を目がけて投げつける」などの知恵も実際に体験させながら教えましょう。

追いかける大人と6m間を空けて向き合い、「よーい、どん！」で子どもが振り返り、20m走って逃げきる体験学習が効果的です。追いかける大人は、最後まで追いかけるようにします。

走る力をつける遊び

0～2歳　「おいでおいで」

「ママ（パパ）のところまでおいで！」のような呼びかけをします。手足を動かして、ちょこちょこ走り、歩く力、走る力を養いましょう。

3～4歳　「ボールの追いかけ」「けんけんパ」

地面に置いた輪の中を片足で飛んだり、両足で着地したりする「けんけんパ」や、転がるボールを追いかけたりすることで、目標物へ向かって走り続ける力、いざというときすぐに体を動かせる敏捷性を身につけます。

5歳　「ハンカチ落とし」

向かうべき方向へ走る、追いつかれずに逃げる力を育みます。オニ以外が内向きに円になって座り、オニはハンカチをもって円の外をまわり、気づかれないよう誰かの背後にハンカチを落とします。うしろにハンカチを落とされた人はハンカチをもって立ち上がり、オニを追いかけます。オニが追いつかれずにハンカチを落とした相手のいたところに座れればオニが交代する、という遊び。

さらに一歩！

年長さんになったら、大人が追いかけて20m全力で猛ダッシュし、逃げきる練習もしてみましょう。

「叫ぶ」── ためらわず大声を出せるように

助けを求めるにも相手をひるませるにも、大声で叫ぶのは有効です。しかし、大人でも子どもでも、いざというときに大声は出せないもの。怖い目にあった子ども880人のうち2.5%しか大声を出せなかった、という全国調査の結果もあります。大声を出す練習をしましょう。腹の底、奥から絞り出す精一杯の大声は、体をくの字に折り曲げ、顔を前に出して叫ぶと出やすいです。

とはいえ、子どもが大声で叫ぶだけでは、ただの遊び声と思われるかもしれません。同時に手足を振り回してジタバタすれば、まわりの大人は耳と目で子どもの危機を察知できます。身振り手振りを含んだ大声を出す訓練を幼いうちに実践しておけば、大人になってもいざというとき意識せずに再現できることが、多くの事件事例から確認されています。恥ずかしがらず大声で「助けてー！」と叫べる勇気を子どもたちにつけてあげましょう。

叫ぶ力をつける遊び

0〜2歳

「パパ〜！ママ〜！」
遠くから名前を呼んであげて、「パパ〜！ ママ〜！」と大きな声で言えるような遊びをしましょう。大きな声で笑って泣くのが乳幼児の大切な仕事です。

3〜4歳

「かくれんぼ」
「もういいかい！」「まあだだよ！」「○○ちゃん、みいつけた！」と大声で言い合う「かくれんぼ」は叫ぶ練習になります。また、不審者が潜みやすい危ない場所を察知する力を培うことにもつながります。公園など屋外で遊ぶと距離がとれて効果的ですが、くれぐれも安全に注意しましょう。

5歳

「大声合戦」
大人が不審者役になり、大声で「イヤ！」ときっぱり拒絶し、「助けてー！」と叫ぶロールプレイングをします。身振り手振りも忘れないように。誰がいちばん大声を出せるか競争しましょう。隣近所が誤解しないよう訓練だと事前に声がけを。

「防犯ブザー」について

大声の代わりに防犯ブザーも有効ですが、もっていても使えなければ意味がありません。電池が切れていないかどうか、3カ月に1回は鳴らして点検しましょう。ポイントは、すぐに手が届く位置に装着しているかどうか。ひもが短かすぎたり、ランドセルの側面につけていると、うしろから抱きかかえられたときに手が届かず、鳴らせません。ひもは、どんな状態でも手が届きやすい腰まわりの位置がベスト。首からぶら下げる場合も同様です。大人が実際に子どもの腕を引っ張ったり、うしろから抱きついたりして、防犯ブザーを鳴らす練習をしましょう。これも近隣に事前通告を。

「見る」──しっかり前を見て歩けるように

大人はよく、子どもと一緒にまちを歩くとき、「キョロキョロよそ見しないで、しっかり前を見て歩きなさい」と言います。しかしこれは、子どもにはとても難しい話です。なぜなら、子どもの視野は大人の視野より、はるかに狭いからです（下図参照）。そのため子どもは、まわりを見ようとすると、どうしてもキョロキョロしてしまいます。犯罪者はその、キョロキョロしているスキをねらうのです。

子どもは歩きながらでも、ありとあらゆる雑多なことに好奇心を抱き、「しっかり前を見る」ことに集中するのが苦手。興味や関心のある物事に熱中するのは子どもの特権ですから、あまり神経質になるのは考えものですが、「フラフラしないでしっかり前を見て、まっすぐ歩こうね」と指導することは大切です。じつはこれ、子どもの身を犯罪から守る初めの1歩なのです。

前を見すえて歩きながら、目の隅でまわりにも気を配り、変だなと思う人が近くにいたら、すぐに走って逃げるのではなく、相手にどんな特徴があるかを確認しながら、だんだんと速度を速めてその場を立ち去る──。幼い頃から大人と一緒に歩いていれば、こういう歩き方と態度がしだいに身につきます。

※スウェーデンの児童心理学者スティナ・サンデルスの実験に基づく。

注意して見る力をつける遊び

「手遊び」
大人の手の動きを見て、一緒に歌いながらまねるいろいろな「手遊び」は、「今見るべきもの」にしっかり目を向ける練習になります。

「読み聞かせ」
絵本などの読み聞かせは、想像力や感性を豊かにするだけでなく、対象に集中してしっかり見る力、話を聞く力を育むのにも役立ちます。

3〜4歳

「あっち向いてホイ」
ジャンケンからテンポよく始まるおなじみのゲームです。相手が向きそうな方向に指を向け、相手が指し示した方向と逆に顔を向ける"かけひき"ですから、相手の表情やしぐさをじっくり見ていないと勝てません。

5歳

「だるまさんが転んだ」
オニがうしろを向き「だるまさんが転んだ」と言い終わるまで、みんなが少しずつオニに近づき、オニが振り向く直前にピタッと止まる。オニは、誰かが少しでも動いたら見逃さず、つかまえる――この昔からある遊びは、まわりを見る訓練になります。
また、オニにつかまった子の手を誰かが「切った！」と言って払えば、みんなで走って逃げられるので、不審者から素早く遠ざかる脚力も育めます。

「見る」――不審者を見分けられるように

怪しい人の５つの特徴の合言葉「はちみつじまん®」（→P.21）は、大人が知っておくだけでなく、年長さんか小学校低学年になったら、子どもたちにも教えておくべきです。しつこく話しかけたり、近づいてきたり、あとをつけてくるほか、じっと見つめたり、来るのを待っていたりするのも怪しい人。こうした怪しさの気配を察知するには、他人に関心をもち、過度のしつこさやその場にそぐわない言動の不審者を見分ける「目」が必要です。

とはいえ、たとえば、いつも遊んでいる公園で見かけないからといって、やみくもに「変な人」「怪しい人」扱いするようになっては、「知らない人を見たら怪しむ」子どもに育ってしまうことにもなるので注意が必要です。「あれ、いつもと違うぞ？おかしいな」という「勘」は、たくさんの良い人にかかわってこそ育まれる力なのです。

> **重要**
> 大事なことなので繰り返しますが、安全基礎体力づくりが大人への不信感を植えつける「不審者発見教育」になってはいけません。「万が一、みんなに危害を加えようとする大人がいたとしても、それ以外のまわりのすべての大人はみんなを守ってくれる味方だから、安心して助けを求めよう」と教えましょう。

見分ける力をつける遊び

 0〜2歳

「パンパンパン！」
まず、子どもの目の前で両手を優しくパンパン、とたたきます。そのあと、子どもの上下左右、いろいろな位置から手をたたき「どっちかな？」と聞いて、音の聞こえる方向に目を向けさせる遊びです。周囲を見まわす練習になります。

「いないいないばあ」
手のひらで顔を隠して「いないいない」、手のひらを開いて「ばあ」が基本ですが、おもちゃやぬいぐるみなど、子どもの好きなものをタオルやうしろ手で「いないいない」と隠し、「ばあ」で見せるなど、さまざまな方法が工夫できるでしょう。対象物を目でとらえた喜びを体感させます。

 3〜4歳

「人まね遊び」
子どもは赤ちゃんのときから、母親をはじめとする身近な大人の言うことやふるまいをじっと見てまねることで、言葉としぐさを身につけていきます。「まねる」ことは、他人に注意を向ける基本です。3〜4歳の年齢になったら、意識的に人まね遊びをすることで、より深い観察力と注意力を養うことができます。

「くすぐり遊び」
親子の肌と肌との触れ合いは子どもの情緒を安定させるだけでなく、コミュニケーション能力も高めます。くすぐり遊びができるのは、親族と園の先生や友だちまで。愛情や好意をもつ者同士だから、くすぐり遊びはできるのです。そのことを子どもに体感させておけば、見知らぬ大人からの接触を直観的に拒めるようになります。

5歳

「かごめかごめ」
オニが目をつむってしゃがみ、そのまわりをみんなが手をつないでぐるぐる歩き、「かごめ唄」を歌い終わったら止まってその場にしゃがんで、オニは自分のうしろの人が誰かを当てます。近づいてくる他人の気配を感じとる練習になる遊びです。

「だるまさんが転んだ」（→P.66）
うしろに近づいてくる他人の気配を感じとる練習になる遊びです。

「ハンカチ落とし」（→P.63）
この遊びも、うしろにいる人の気配やうしろを歩く人の行動、ものの動きを感じとる練習になる遊びです。

「飛びこむ」──助けを求められるように

地域には「子ども110番」に協力している店舗や家庭があります。とはいえ、子どもにとって、知らない家に助けを求めるのは勇気のいること。実際、危ない目にあった子どものうち、わずか0.9％しか「子ども110番」に飛びこめなかった、という全国調査の結果もあります。いざというときに「子ども110番」があるとも限りません。「子ども110番」だけに頼らず、どんな場所でも飛びこんでよいと教えましょう。

建物に飛びこめなくても、門や塀などをたたき、大声で「ただいま！」「助けて！」などと言うのも効果的。そういう子どものようすを見て、ひるむ犯罪者も多いのです。いざというときに飛びこめそうな家を知っておくのもよいでしょう。庭の手入れがされていたり、洗濯物が干されているなど、生活感のある家だと安心です。

小学生になる前に、保護者に次のことをお願いしてもよいでしょう。通学路に沿った近隣の人に会ったとき、子どもを「お披露目」するのです。

「春からこの子が学校に行くんですけど、何かあったらよろしくお願いします」と、一緒にあいさつをしましょう。子どもは親があいさつする人なら、と安心できます。

とりわけ、もし通学路に「ひまわり®」（→P.19）のような怪しい場所があったら、その近くの家に一度はあいさつして、子どもの安全に協力をお願いしておきましょう。

通学路に「子ども110番の家」がある子どもの割合
（小学校4・6年生780人のうち）

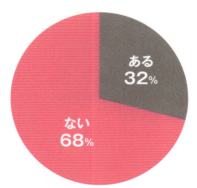

ある 32％
ない 68％

出典：ステップ総合研究所による全国調査、2010年

犯罪被害にあった子ども148人のうち「子ども110番の家」に駆けこんだ割合
（小学校4・6年生、調査対象780人）

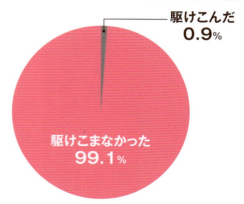

駆けこんだ 0.9％
駆けこまなかった 99.1％

出典：ステップ総合研究所による全国調査、2010年

| チェックリストを活用！ | 16～17ページの「通園路と公園の安全度診断チェックリスト」と32～33ページの「地域の安全度診断チェックリスト（道路を中心に）」は、子どもが小学生になっても中学生になっても、あるいは大人になっても役に立つリストです。子どもたちが卒園する際には、保護者の方へコピーをお渡しするとよいでしょう。 |

飛びこむ力をつけるふれあいや遊び

0〜2歳

「飛びこんできてごらん!」
いちばん愛情を注いでくれる大人の腕の中に飛びこむ、胸に飛びつく動作を、乳幼児の頃から習慣づけておきましょう。

「おかえり〜!!」
仕事から帰ってきたお父さんやお母さんに駆け寄って、腕に飛びこみ、胸に飛びつきましょう。スキンシップからすべては始まります。

3〜4歳

「ただいま〜!」
家に帰ったら、必ず大きな声で「ただいま〜!」と言う生活習慣をつけることも、安全基礎体力づくりの一部です。大人に自分の存在を知らせることが自然にできる子どもは、いざというとき、すばやく大人に助けを求められます。

「鬼ごっこ」
オニがみんなを追いかけ、タッチされたら今度はその子がオニになって、みんなを追いかける——昔からあるシンプルなこの遊びは、大人に助けを求める前提として、走って犯罪者から逃げきる力を養うのに役立ちますが、同時に飛びこむ力をつけるのにも有効です。

5歳

「陣地鬼」
鬼ごっこの発展型。チームに分かれて陣地を決め、相手をつかまえたら自分のチームの陣地に連れていきます（つかまえた人数を競う）。または、攻めと守りに分かれ、攻めは陣地を出て、守りにタッチされないように、お手玉などの宝を取って、コートの外をまわって戻ります（宝の数を競う）。

「けんけんパ」
筋力や柔軟性、体のバランスのとり方などを培う遊びとして、片足跳びと両足着地を繰り返す「けんけんパ」はおすすめです。地面を蹴って飛んだり跳ねたりする動作がうまくなりますから、瞬時に体が反応する敏捷性も養えます。

「噛みつく」——反撃能力を身につけられるように

腕や手首をつかまれたときは、思わず引っ張って逃れようとします。しかし、大人と子どもでは力の差があるため、つかまれた腕を抜くことはできません。引っ張るのではなく、腕を横に激しく振って抜く「腕ぶんぶん」をすれば子どもでも脱出可能です。年長さんになったら一度は練習してみましょう。

「腕ぶんぶん」でダメなら、床に座りこんでジタバタと駄々をこねるように相手のスネを蹴って、逃げるスキをつくります。子どもがジタバタと手足を激しく動かしグズりだすと、大人はどうすることもできません。犯罪者に対しても効果があります。ジタバタしながら足で蹴ってくる子どもを抱きかかえて連れ去るのは困難だからです。

それがダメでも、最後まであきらめてはいけません。とっておきの反撃方法があります。それは「噛みつく」こと。うしろからいきなり抱きかかえられてしまったときにも有効です。

子どもに噛まれたことがある人はわかると思いますが、子どもの歯は鋭く尖っているので、犬のスピッツよりも噛みつく力が強いと言われています。実際に噛みついて助かった事例は多くあります。噛みつかれた犯罪者は声を上げるほど激痛が走り、ひるんで腕をほどきますから、そのスキに逃げればよいのです。歯型が残ることで、のちに素早い検挙にもつながります。

ただし、噛みつく動作は、なかなかとっさにできるものではありません。年長さんになったら、タオルを巻くなどしてケガをしないように防御した大人の腕を使って一度は経験させておきましょう。

小学校になったら できるように！

反撃能力をつける遊び

0〜2歳

「ひもひっぱり」
ジタバタしたり、腕を振り切ったり、噛みついたりする力の基本は、手足を動かして身を守る力。乳幼児の頃から、ときどきひもの引っ張り合いをして遊びましょう。

3〜4歳

「新聞紙チャンバラ」
チャンバラごっこは、手足を激しく動かして攻撃と防御を繰り返す遊びですから、安全基礎体力づくりにはうってつけ。相手との距離感をつかむ練習にもなります。丸めた新聞紙を刀にすれば、当たっても危険はありません。そのままケンカになってはいけないので「刀で切られたら負け」のルールを徹底します。

5歳

「噛みつき練習」
大人が腕にタオルなどを巻き、「噛みつき」練習をしましょう。大人が不審者役になって、子どもをうしろから抱きかかえたり、腕をつかみます。そのとたんに遠慮なく、腕のタオルに噛みつかせるのです。就学前の子どもでも、噛む力は思いのほか強いことが体感できると思います。実際には相手の指や手首をねらうと効果的ですが、くれぐれも訓練では、必ず腕に巻いたタオルに噛みつくように指導してください。素肌をガブリといかれると、ひどいケガをします。

「ジタバタ練習」
お尻を地面につけ、足を宙に浮かせジタバタさせて、相手のスネを蹴り、逃げるスキをつくります。園や家庭で練習するときは、大人が子どもの前に立ち、ジタバタする足をつかもうとします。ポイントは、子どもの足が地面を蹴るのではなく宙に浮いていることです。やってみるとわかりますが、けっこう腹筋の力が必要。ふだんの運動が大事です。ゲーム感覚で何度もやってみましょう。

「腕ぶんぶん練習」
不審者役の大人が子どもの腕や手首をつかんだら、子どもは腕を横に思いっきりぶんぶん振って抜け出します。子どもの力では、引っ張って抜くことは難しく、とくに手首をつかまれたときは、引っ張ってはいけません。コツは、つかんだ相手の手の親指とほかの指のスキ間を切るようにして、腕をぶんぶん横に振って抜くこと。何度もロールプレイングしてみましょう。

先生もできるように！

重要

「腕ぶんぶん」と「噛みつき」は、大人の女性の防衛策としても有効です。不審者に腕をつかまれたり、抱きつかれたりしたら、大声を出して助けを呼ぶと同時にためらわず実行しましょう。しかし知識としてわかっているだけでは、いざというときに体は固まってしまうもの。いざというときに保育者が「動揺」したり、犯罪者の手にかかり「倒れる」ことは、子どもの命の危険とパニックに直結します（→P.44）。子どもと一緒に練習しておきましょう。

「はっきり断る」——誘いを拒絶できるように

生理的に嫌いなことに対して子どもは瞬発的に「イヤ！」と言えますが、言葉たくみな犯罪者の誘いをきっぱり断るには、ちょっとした勇気が必要です。ましてや、「道案内をしてほしい」と親切心につけこんだり、「お母さんが事故にあった」とうそをついて脅したり、あの手この手で卑劣な手段をとる犯罪者にはだまされてしまいます。年長さんになったら、不審者役の大人が、いろいろなパターンで声をかけ、誘いをきっぱりと断るロールプレイングをしましょう。

大切なのは、小さな声でモゴモゴ言わないこと。「イヤです」「行きません」「ほかの人に頼んでください」「急いでいるからダメです」とすばやく遠慮なしに強い意志を明確な言葉にして伝えるようにします。子どもの声は、どうしても小さく口の中でこもりがちなので要注意。はっきりと拒絶できる社会性豊かな子どもに対して、犯罪者はそれ以上アプローチしません。

言葉をかけてくるだけでなく、じーっと、あるいはチラチラと自分を見ている怪しい人に気づいたら、目を合わせたりクスクス笑ったりしないで、視線をそらし、すぐにその場を立ち去ることも教えましょう。視線も言葉と同じサインです。

できるように！

小学校になったら

断る力をつける遊び

0〜2歳

防衛反応
「イヤイヤぐずり」
乳幼児がお母さん以外に抱っこされると泣き出すことがあるのは、自分に愛情を注いで守ってくれる人にしか身を任せないぞ、という生物としての当然の防衛反応です。他人に抱かれて「イヤイヤ」とぐずるのは頼もしい証拠。

3〜4歳

「あーぶくたった」
基本パターンは「かごめかごめ」同様、オニのまわりを囲んで遊びます。さまざまなバリエーションがありますが、ポイントは最後のオニのセリフ。「トントントン」や「カタカタカタ」と言い、まわりの子どもが「何の音？」と聞いて「風の音」とオニが答えれば「ああよかった」。「おばけだぞ〜！」とオニが答えれば、まわりの子どもは「わー！」といっせいに逃げ、そこからオニがみんなをつかまえようと追いかける鬼ごっこになります。日常に潜む危険を暗示し、「安心な言葉」と「逃げるべき危険な言葉」を聞き分ける遊びです。

「あっち向いてホイ」
この遊びに勝つには、強い意志をもって相手の指さす方向と逆を向かなければいけません。相手の言うとおりにしない姿勢や態度が自然に身につきます。相手を保育者や友だちではなく怪しい人、不審者だと思って遊んでみましょう。

練習

「イヤです」「行きません」

怪しい人に声をかけられたら立ち止まらず、さっさと歩いて、相手にちゃんと聞こえるはっきりした声で「イヤです」「行きません」と断る。不審者役の大人がいろいろなパターンで声をかけて（下記コラム参照）ロールプレイングし、この基本をしっかり身につけます。自動車を運転している不審者から声をかけられることもあるので、絶対に乗ってはいけないことも伝えましょう。

コラム「声かけの危ない言葉」集

① 「○○さんの家はどこ？ 案内してくれないかな」

② 「お家まで送っていってあげるよ」

③ 「お母さんが車にひかれて入院したんだ、一緒に行こう！」

④ 「先生が呼んでるから、園まで行こう！」

⑤ 「お菓子あげるから、おじさんのお願い聞いてくれるかな？」

⑥ 「ジュース買ってあげるよ、何がいい？」

⑦ 「キミかわいいね〜、ちょっと写真撮らせてくれない？」

⑧ 「すごく上手だね。おじさんにも教えてくれないかな」

⑨ 「あそこの空き家の裏に、かわいい子猫がいるから、見に行こうよ」

⑩ 「おまわりさんだけど、少しだけ話を聞いていいかな？」

　こうした具体的なパターンを想定して子どもとロールプレイングしてみましょう。
　④のように、園の先生が見知らぬ人に送り迎えを頼むことは絶対にないと教えておきます。「イヤです」「行きません」「いりません」とはっきり言うだけで十分。
　小学生になったら、③には、たとえば「家に帰って確かめます」、⑦には「110番しますよ」などと答えて断れるとよいでしょう。ただし、それ以上の会話を交わしてはいけません。拒絶したら足早に歩いたり、駆け出したりして、すみやかにその場を立ち去ることが肝心です。

「お友だち」──お互いに助け合えるように

　危ない目にあいそうになっても、友だちが見ていてくれるというのは心強いもの。友だちが知らない大人に声をかけられて困っていたら、8～10m離れたところから「どうしたの?」「だいじょうぶ?」と大声で叫ぶ──こうした「共助」の力は、通常小学校中学年くらいから指導して身につけます。たとえ知らない子であっても、「お～い! だいじょうぶ～?」など親しい関係をよそおう言葉で声をかければ、犯罪者はあわてるものです。声をかけると同時に、まわりの大人に助けを求められれば完璧。犯罪者はたまらず退散するでしょう。

　声をかける勇気が出なかったら、じっと見ているだけでも友だちに勇気を与え、犯罪の抑止効果があります。犯罪者は相手と2人きりになりたいので、たとえ子どもであっても第三者の目があることを嫌うのです。

　就学前の子どもには、「共助」の基礎となるコミュニケーション力をつけてあげましょう。「信頼できる人と交われる」「知っている大人や友だちときちんとあいさつができる」「友だちを大事にする」などの態度を養うのです。

お友だちづくり

0～2歳

「砂場で見つけたお友だち」
子どもの砂場遊びは、まず自分1人で黙々とスコップで砂をバケツやカップに入れたりするものですが、慣れてくると、ほかの子どもたちと一緒にやるようになります。友だちを見つけ、社交性を養えるのが砂場遊びです。

「行ってらっしゃ～い!」
仕事へ出かけるお父さんやお母さんを「バイバ～イ! 行ってらっしゃ～い!」と見送る生活習慣をつけましょう。いつも一緒にいるお父さんやお母さん以外の信頼できる大人に子どものほうからコミュニケーションがとれるようになるための初めの1歩です。

3～4歳

「友だちにあいさつ」
幼稚園・保育所・こども園は友だちをつくり、社会性を身につける最初の機会。「おはよう」「こんにちは」「さようなら」など、初めて出会う仲間にきちんとあいさつできることから、友だちづくりが始まります。

ごあいさつ

3〜4歳

保護者の方へすすめてください！
「おとなりさんにごあいさつ」

近所づきあいが良好な地域ほど、おのずと気配りし合うので、見守る力も働き、犯罪者は近づきにくいものです。子どもにとって、おとなりのおじさん、おばさんは、自分たちを守ってくれる信頼できる存在。ふだんからきちんとあいさつできるように小さい頃から教えましょう。

5歳

保護者の方へすすめてください！
「通園のときにごあいさつ」

「飛びこむ」のところで（→P.68）、小学校に入ったら1人で登下校しなければいけない場合もあるので、保護者が通学路沿いの家の人に子どもを「お披露目」することをすすめました。通園は保護者と一緒ですが、途中で近所の人や園近隣の知人に会ったら、子どもにもあいさつを促すようにするとよいでしょう。年齢を重ねるにつれ、信頼できる大人と交われる輪を広げていきます。

コラム 家庭・地域との連携プレー

　子どもの安全は、園・家庭・地域が「スクラム」を組んで守る。この心がまえを共有することが大切です。スクラムとは「みんなで解決する」ことを意味します。

　たとえば不審者情報の提供については、「保護者の皆様が園付近で見慣れない車を見かけたり、変だなと感じたことがあったらお知らせください」とふだんから伝えておきましょう。「子どもの生活圏内を安全にするためには地域の方々の協力が欠かせません。見守ってくださる方には、ごあいさつをお願いします」とひと言添えるだけで、保護者の防犯意識は高まります。

　ここで紹介した「安全基礎体力」づくりにつながる遊びや生活行動は家庭でもできるので、指導の際に保護者も招き、実演に参加してもらうとよいでしょう。

　園が地域とよりよい協力関係を築くには、防犯と子どもの安全を共通の軸にして、互いに信頼関係を育てることが大切です。園の行事に近所のお年寄りを招いて楽しく一緒に過ごしたり、園児の顔をご近所に覚えてもらったりするために、子どもたちを連れて「ご近所あいさつまわり」をしてみてはどうでしょう。

「ハサミとカミはお友だち®」プラスα
「伝えよう」──何があったか言えるように

　不審者に遭遇したけれど、無事に帰ってくることができた──無事なのは何よりですが、子どもの心は傷ついています。傷ついた子どもは、起こったことをなかなか自分から話せません。しかし、子どもは必ず何らかの「異変のサイン」を発しているはず。大人（保育者や保護者）が、そのサインに気づくことで、子どもは起こったことを話しやすくなります。それは傷ついた心の回復を早めるだけでなく、ほかの子どもに被害が広がるのを防ぐことにもつながります（サインに気づくための大人の「勘」を養う方法は50ページを参照）。

　起こったことを聞きとる際のポイントは、①性別、②何歳くらいに見えたか、③どんな服を着ていたか、そして④履いていた「靴」の色や形です。靴がポイントになるのは、逃げる際に脱ぎ捨てることができない（脱ぎ捨てるとかえって目立つ）からです。靴の色や形が手がかりとなって逮捕された事例もあるため、服だけでなく靴を見るよう子どもたちに指導できるとよいでしょう。そのための練習は、たとえば「お散歩のときに先生が履いていた靴は何色だったでしょ〜か？」など、クイズ遊びのようにして、靴や服などに意識が向く会話を盛りこむことで可能です。

　ただし、大人が異変のサインに気づき、「どうしたの？」と尋ねても、子どもが口を閉ざしてしまうこともあります。そのようなときは、抱っこや膝の上に座らせるなどして寄りそう、絵本やおもちゃ、おやつなどで気分を変えてあげるなど、子どもを落ち着かせることを優先してください。落ち着いたところで、ゆっくりと何が起きたのかを尋ねましょう。無理に話をさせる必要はありません。「覚えていることだけでいいよ」と優しく、おだやかに接し、子どもが安心して話せる状況づくりを心がけましょう。なお、不審者の特徴などを具体的に聞くときは工夫が必要です。「どんな人だったの？」といった抽象的な質問ではなく、「男の人？　女の人？」「お父さんくらいだった？　おじいちゃんみたいだった？」というように、子どもが答えやすいように聞くことが大切です。

コラム　あったことを伝える習慣づけを

　話す力、伝える力は、ふだんの生活で培われます。食事のときなど、家族みんなで話す機会をなるべくつくりましょう。

　その場で子どもも交えて「今日は園で何をしたの？」「どんなことが楽しかった？」などと聞いてあげます。子どもが話すことに対しては、きちんとリアクションをとることが大切。話すことで大人が喜んでくれるから楽しいと思うようになれば、おのずと自分の言葉で話すようになります。

プラスα 万が一のときの行動原則

決めたことをぶれずに実行する

44ページで述べたように、万が一何かが起こったときは、①子どもの命、体、心がいちばん大切であり、何よりも優先すべきだということを忘れない、②一瞬たりともためらわないことが肝要です。②の「ためらい」は、時間の浪費とチャンスの逸失につながり、子どもたちや保育者自身を危機に至らせる最たる要素です。

また、この2つに加え、行動に当たっては、③大切なものを守るため、素直に他人の意見を受け入れる、④決定と行動を一致させる、ということも肝に銘じてください。

つまり、冷静さを保つことに努め、他人の意見に耳を傾け、①の優先順位を念頭に、自分が間違っていたと思ったらすぐに修正すること。そして、④を決意する必要があるのは、危機の場面では、決めてあることや計画に対して誰かの社会的な地位やいわゆる「声の大きさ」が力を及ぼし、意思決定と行動が乱れることがあるためです。危機の場面は、ふだんとはまったく異なる空気に支配されがちであることを覚えておいてください。「決めたことをぶれずに実行する」、このシンプルなことが「いざというとき」には非常に大切な原則なのです。

ぶれさせないための訓練

ぶれないためには、ふだんからシミュレーション的な訓練を重ねることをおすすめします。たとえば「園に不審者が入ってきた」「園内で遊んでいた子どもがいつのまにか行方不明になった」「お散歩の途中で子どもを見失ってしまった」など、さまざまな事態をたくさん想定し、避難所に逃げこむ（→P.48）、110番する（→P.45）、協力してくれる地域の人に連絡し助けを求めるなどの対応をそれぞれ訓練します。

しかし、子どもと一緒に実際に動く訓練を頻繁に行うのは難しいかもしれません。であれば、ふだんからイメージトレーニングを重ねることをおすすめします。40～41ページで紹介したイメージトレーニングのためのカードツールをつくり、活用してください。それぞれの園の構造や環境に応じて想定を変えたり増やしたり、工夫をするのもよいでしょう。

「そこまでしなくても」「大げさすぎるのでは」などとためらわず、みんなで情報と知恵を出し合っていくことをおすすめします。躊躇せず、専門家の力も借りてください。

また、みんなでこの取り組みをすることには、「じつはふだんから不安に思っていた」ということを保育者同士で出し合い、共有できるという大きなメリットもあります。みんなの力を合わせ、「想定外」を限りなくゼロに近づけましょう。子どもの安全に関しては、いくら備えても備えすぎるということは決してないのです。

本書に登場した
安全教育「合言葉」集

園と園児を守るためのエッセンスが詰まった重要な合言葉の復習です。このページをコピーし、点線で切り抜いて配布するなどしてもよいでしょう。

ひまわり®
怪しい場所の4つの特徴

- **ひ** とりだけになるところ
- **ま** わりから見えない（見えにくい）ところ
- **わ** かれ道、わき道や裏道の多いところ
- **り** ようされていない家（空き家）や公園など人が誰もいないところ

はちみつじまん®
怪しい人の5つの特徴

- しつこくなにかと**は**なしかける人
- 理由もないのに**ち**かづいてくる人
- あなたが来るのを道の端でじっと**み**つめてくる人
- いつでも、どこまでも、いつまでも**つ**いてくる人
- あなたが来るのを**じ**っと**ま**っている人
- こういう人に会ったら**ん**？　と注意

ハサミとカミはお友だち®　危機を乗り越える7つの動作
（赤字の項目は、園児のうちに体験しておきましょう）

はしる
- ①20mは走って逃げよう
- ②リュックサックやカバンを持っているときは、相手の手前6mから走って逃げる
- ③何も持っていないときは、相手の手前4mから走って逃げる

さけぶ
- ①大きな声をまず出す
- ②くの字に体を曲げて声を出す
- ③大きく手を振りながら声を出す（周囲の人に気づいてもらいやすくなる）

みる
- ①前を見てしっかり歩く
- ②怪しい人は「はちみつじまん®」で見分ける
- ③怪しい場所は「ひまわり®」で見分ける

とびこむ
- ①追いかけられたら、いちばん近い家に「助けて！」または「ただいま」と言って飛びこむ
- ②声が出ないときは、家のドアをたたく
- ③何が起きたかをすぐに大人に伝える
- ④ふだんから通学路の家やお店に子どもと一緒にあいさつしておく

か**み**つく
- ①防犯ブザーを鳴らす
- ②手首をつかまれたら「腕ぶんぶん」で腕を横に抜く
- ③「腕ぶんぶん」でも抜けないときは、お尻を地面につけて足をジタバタさせ相手のスネを蹴る
- ④逃げられないときは、相手の指や手首に噛みつく

はっきり、きっぱり断る
- ①73ページの「声かけの危ない言葉」をかけられたらはっきり断る

お**友****だ****ち**と助け合う
- 「困っているな」と思う人に出会ったら、
- ①声をかける
- ②じっと見守ってあげる
- ③そのとき自分が被害にあわないために、離れたところから声をかける

Q&A こんなときはココに相談

Q	A
不審者に声をかけられたと園児が言っている。	ためらわず、すぐに110番通報をしましょう。園児からは、心のケアに留意しながら（→ P.50）不審者の性別、だいたいの年齢、背丈、服装、時刻や場所などをできるだけ具体的に聞き出しましょう。
園の近くで不審者を見かけた。園へのしつこいクレーム電話や嫌がらせがある。	すぐに110番通報を。不審者の場合は現れた時刻・場所・特徴・行動を、電話や嫌がらせは、その内容・頻度などを具体的に伝えてください。
園の近くに不審な車が停まっている。	車種、色、ナンバーをメモし、110番通報をしてください。車種、色、ナンバー、発見場所を具体的に伝えましょう。
園のある地域の不審者出没情報や犯罪発生情報をタイムリーに入手したい。	自治体や警察が、それらの情報のメール配信サービスを行っていることがあります。自治体や警察のWebサイトなどを確認してみてください。
園のある地域で近年どのような犯罪が発生しているのかを知りたい。	自治体や警察のWebサイトに掲載されていることがあります。また、地域の警察署に直接聞くこともできます。
園の外周や敷地内に自転車が放置されている。	警察署や交番に連絡し、盗難車かどうか確認に来てもらいましょう。また、放置場所が公道の場合、その道路を管理している役所（国土交通省、都道府県、市区町村）に通報しましょう（わからなければ警察や自治体に確認してください）。
園の外周や敷地内にゴミを捨てられた。	犯罪目的で置かれた危険なものかもしれません。ゴミの不法投棄であることが明らかな場合以外は警察署や交番に連絡し、確認に来てもらいましょう。
地域の防犯パトロールが、いつどのように行われているのかを知りたい。	管轄の警察署、自治体の防犯担当部署、地域の防犯協会などに問い合わせてみてください。
園の周辺に防犯灯（電柱などに取りつけられている道路のための照明）や街路灯が少ない。	自治体や自治会に相談してみましょう。
園の周辺の防犯灯や街路灯が、夕暮れどきになっても点灯しない。	まず自治体に問い合わせ、その照明の所有者や管理者を確認しましょう。防犯灯や街路灯は、自治体のものや自治会、商店街などのものがあります。

安全教育とは何か──英国に学ぶ

安全教育＝「大人」になるための教育

　本書のPart3「子どもを育てる──ゼロ歳からの安全教育」で述べたように、「安全教育」とは、その子が自分の身を守れるようになるためだけのものではなく、その子が「大人になる」ための教育にほかなりません。言い換えれば、安全教育は、お腹に宿った瞬間に始まるものだということです。

　その「大人」とは何か。「市民」と言ってもよいでしょう。安全教育とは、その子自身の命にかかわるだけでなく、「安全な地域づくりを担う人間」を育てることのできる実学でもあるのです。生きていくために自分を守り、友だちや家族の命を守る知恵を身につけ、地域を愛し、いずれは地域のために貢献したいと考え、実際に行動を起こせる大人──つまり「市民」を育てることが安全教育の果たす大きな役割の1つであり、目指すべきことなのです。

　であれば当然、0歳からの発達段階に沿ったカリキュラムにより、体系的・教育的にその実践がなされる必要があります。しかし具体的にどうすればよいのか、日本では現在、残念ながらまだ手つかずの状況といえます。

　じつは同じような課題にいち早く取り組み、行動している国があります。英国です。英国では国が主導してカリキュラムがつくられ、それをもとに、地域の人々が助け、子どもたちに「体験」を通じた安全教育が行われています。

安全教育を通して「いかに"社会的"大人にするか」

　英国では、2000年からPSHE（Personal, social and health education）、すなわち「人格・社会性を培う心と体の健康・安全教育」という、いわば子どもの健全育成のためのカリキュラムが実践されています。PSHEは、当時の首相トニー・ブレアが打ち出した教育改革の"目玉"でした。「シティズンシップ教育（Citizenship Education）」科目の中に含まれ、「発達段階を踏まえた安全教育を低年齢段階から行い、危機が生じたときにきちんと対処し、コントロールのできる子どもに育てること」を目的としています。

　最大の特徴は、「何かあったときにどうしたらよいか」という"対処的な"方法でなく、長期的に、「安全」という教育を通して「いかに"社会的"大人にするか」を視野に入れたカリキュラムとなっている点です。英国政府のナショナルカリキュラム[*1]は、「すべての子どもたちが社会の大切なもの」をモットーに、次のことを目指して教育を行っています。

❶子どもは安全であること
❷子どもは健康であること
❸子どもは学業を達成し楽しむこと
❹子どもは将来社会活動に積極的に参加する市民になること
❺子どもの家庭は経済的に健康であること

"Every Child Matters"[*2]

*1　国として学校で教える内容を決めたもの
*2　2004年に英国政府が策定した基本方針『すべての子どもが大切』

社会を安全へと導く人に成長させる

　英国では、子どもが学校生活を始める時期を「基礎的な段階」と呼び、子どもたちが前向きに物事を考えていくために、また、人々とより良い人間関係を築いていくために、とても大事な時期ととらえて

います。早期のシティズンシップ教育は、友だちやその他の人間関係の構築に反映されると考えられ、子どもの社会化、また遊びの場面でとても重要であると考えられています。また、子どもが成長するにつれて広がっていく子どもたちのコミュニティーで責任ある行動をとることを学ぶためにも必要とされています。

たとえば、5〜7歳児のカリキュラムを見てみると、「家や学校、遊び場、地域での安全な過ごし方を学ぶ」「助けを呼ぶ方法を学ぶ」、そして「ルールを守ることがいかに困難なことか、またルールを保つための方法」を話し合うといった内容が含まれています。また「自分たちの安全のために働いてくれている人たちのことを学ぶ」「大人のように協力して働くことが大事である」、そして「大人のように自分たちも守れるような人になるにはどうしたらよいかを考え練習する」というカリキュラムが入っているのも英国の特徴です。

年齢が上がるにつれ、「安全」という自分の命と直結する問題を通して、より社会的に、自ら能動的に行動していくことが求められており、「自分の命を大事にすることが、その社会を安全に導く人間へとその人を成長させる」というポリシーがあることが、カリキュラムからうかがうことができるのです。

英国では「安全教育は0歳から」が主流

英国では「安全教育を含めたシティズンシップ教育は0歳から行われるべき」というのが主流の考え方です[*3]。そして実際、低年齢から、発達段階に沿った進化的な安全教育が行われています。この背景にあるのが、義務教育を終える頃には危機に対して自分で自分をコントロールできる子どもであってほしい、そのためには0歳から安全教育が行われなければならない、という考え方です。

市民、あるいは社会的な人間に必要なこと。それは、自分で考え自分で実行できることです。その基礎を担うべく、じつは英国の一部の幼稚園では「哲学」の授業も行われています。

*3　2017年に行われた英国教育省の聞き取り調査結果

「地域の先生」のもと「体験」を通じて学ぶ

英国には、2018年現在、20カ所以上の「安全体験施設」があり、これらの施設はどれも、子どもや大人が事故や犯罪に巻きこまれないために学習する体験型教育施設となっています。

施設の教育内容はPSHEやシティズンシップ教育の内容に沿うようにつくられており、英国の各学校は、社会科見学でこれらの施設を訪れ、実際にさまざまな犯罪・事故のシチュエーションを「体験」しながら、安全に生きていくすべを子どもたちに学ばせています。安全体験施設における体験を通しての学習方法はユニーク、かつ非常に実践的です。

たとえば、ロンドンにもほど近いミルトンキーンズという町にあるセーフティセンター（写真左）には、建物の中に一般住宅（子ども部屋、リビング、キッチン）、公衆電話、工事現場、道路、列車、ガソリンスタンド、恐怖体験ビデオ、池、農場、コンビニエンスストアなどが映画のセットの

ミルトンキーンズのセーフティセンター。再現された町の中で危険を学べる（著者撮影）

ように再現されています。

また、コーンウォール州のボドミンにあるフラッシュポイントセンター（写真右）には事故現場が再現されています。子どもたちはここで、事故がなぜ起こったのかを考えたり、実際にこのような現場を見たら公衆電話からすぐ電話をかけることなどを学び、実際に電話もします。子どもたちを教えるのは、トレーニングを受けた「地域の先生」たちです。

こうした地域に住む身近な先生による熱心な安全教育が、未来の安全を担う大人へと子どもたちを成長させるのです。

ボドミンのフラッシュポイントセンター。道路の危険を学べる（著者撮影）

教室での安全教育プログラム

次の図表は、実際に行われている5歳児向けのプログラムです。このように、単に「怖いときは助けを呼ぶ」ことを教えるのではなく、「なぜ助けを呼ぶのか」という根本的なところから学ぶのが英国の安全教育の特徴です。

学習の目的

- 人格的、社会的そして感情の発達のために、それぞれ自分自身のものの考え方、感情をもつこと、そして他者のニーズ、考え、感情を知ること
- コミュニケーション能力、言葉、読み書き能力（他者と交流することを学び、会話によって活動計画を交渉したり役割分担したりすることを学ぶ）
- 他者の意見や疑問、アクションに対して、注意深く聞き、思いやりをもって受け答えする

授業に必要なもの

- 子どもたちにとって特別に思えるような柔らかいおもちゃやその他のアイテム
- 子どものためのワークシートと色鉛筆

授業内容

1 輪になって座り、柔らかいおもちゃかその他の特別なアイテムを投げる、そしてそれを受け取った子どもだけが発言できる。（10分）
Q「あなたの良いところを教えてください」
A「私の良いところは……」
子どもたちは、もし言えなかったり、気まずかったりした場合、パスすることを許されており、先生やアシスタントはその場合、自分自身の考えをデモンストレーションする。

2 同じ方法で、よりくわしい質問をする。（10分）
Q「あなたが誰かに優しくしたときのことを教えてくれる？」
Q「あなたの自分の好きなところを教えてちょうだい」

3 3つの問いを書いたワークシートを配り、それぞれの枠の中にイラストを描き入れさせる。（15分）

4 もう一度輪になって、子どもたちとみんなで絵を共有する。それぞれの事例をもとに、それぞれがどれだけ特別な存在か、話し合うことで結論にもっていく。（10分）
子どもたちを取り巻くまわりの人々がどれだけ子どもたちのことを愛しているか、大事にしているか、安全に暮らしてほしいと思っているかを知る。
そして子どもたちには、怖い、または危険なシチュエーションに立たされたとき何をしたらよいか、「助けを呼ぶのだ」ということを教える。

追加指導

クラスをまとめるための基盤とするため、次のテーマを使う。
- 「私は特別です、なぜなら……」
- 「私のまわりにいる人は私を愛していてくれているし、とても大事にしてくれています。だから、私は安全でいる必要があるのです」
- 「もし私が怖くて危険な場面にあると気づいたら、私は助けを呼びます」

出典：Lesson Plan – Reception Rospa 2008

英国から学べること

　ここでご紹介した英国の安全教育を見て、「これでは教える側が大変だ」と思われたかもしれません。実際、英国でも、実践のための教師の負担はかなり大きく、また、子どもを"真綿で包むような"親のサポート（登下校は必ず大人が一緒かバスを利用し、習い事などの送迎も親が行うなど）により、"ひ弱"になった子どもの存在も問題視されています。しかしそこを補うべく、このような体験を通じて子どもを強くする施設やカリキュラムなどが活用されており、それを社会全体がサポートしています。地域社会、さまざまな社会団体、NPOなどが、子どもたちへの体験教育のスキルと場を提供しているのです。
　また、英国では2018年から、「リレーションシップ教育（人間関係を学ぶ教育）」を5歳から強化し、より寛容な人間を育てることを安全教育の主軸にしようとしています。地域、学校、家庭の連携によって、未来を担う子どもを体験的に育てていくこと。これを一貫して実践し続けている英国からは、今すぐ、そしてこれからも私たちが学べる点がたくさんあります。

Check! 小学校へ1人で安全に通えるように
「初めての行ってきます」チェックリスト

「安全基礎体力」づくりの目的の1つは、子どもたちが小学校に1人で安全に通えるようになることです。卒園後のことを考え、安全基礎体力の下地を身につけさせ、小学校へと引き継ぎましょう。次のリストで子どもたちの成長を確認してください。また、卒園時は、ぜひリスト②のコピーを保護者の方々に渡してください。

チェックリスト① ついたかな?「安心して学校に行ける力」

卒園時にチェック!

各質問事項を園児に尋ね、園児の答えを〇で囲んでください。最後に「1」の答えの点数を合計し、「初めての行ってきます」診断表を確認しましょう。

安全基礎体力の種類		質問	答え 1	1の点数	答え 2	答え 3
歩く力は?	①	おうちから小学校まで行ったことがあるかな?	ある	5	ない	―
	②	おうちから小学校までランドセルをしょって歩けるかな?	歩ける	5	歩けない	あまり歩けない
	③	どれくらい前を見て歩けばいいか知っているかな?	電柱と電柱の間くらいの距離	5	手を伸ばしたくらいのところ	わからない
	④	③の答えの長さくらい前を見て歩けるかな?	歩ける	10	歩けない	あまり歩けない
断る力は?	⑤	「お菓子をあげるから一緒に行こう」と言われても、きっぱり「行きません!」と言えるかな?	言える	10	言えない	あまり言えない
大きな声を出す力は?	⑥	助けてほしいときに大きな声で「助けて!」と叫べるかな?	叫べる	5	叫べない	あまり叫べない
	⑦	「助けて!」と叫ぶときに、手も振りながら叫べるかな?	できる	10	できない	あまりできない
	⑧	腕をつかまれたりしても防犯ブザーを鳴らせるかな?	鳴らせる	5	鳴らせない	鳴らせないことがある
抵抗する力は?	⑨	腕をつかまれたときに腕をブンブンして離れられるかな?	できる	5	できない	あまりできない
	⑩	お尻をついて、相手のスネに向かって足をジタバタさせられるかな?	できる	5	できない	あまりできない
	⑪	怖いことがあったとき、相手に噛みつくことができるかな?	できる	5	できない	あまりできない
	⑫	ふだんは噛みついてはいけないことを知っているかな?	知っている	5	知らない	―
走る力	⑬	リュックサックやランドセルをしょったまま、20mの長さ(運動会で走る長さくらい)を走ることができるかな?	できる	10	できない	あまりできない
飛びこむ力	⑭	通学路で困ったときに助けてもらえるところを知っているかな?	知っている	5	まったく知らない	よく知らない
伝える力は?	⑮	イヤなことがあったとき、おうちの人にお話しできるかな?(「あのね……」って先生やおうちの人に教えることができるかな?)	できる	10	できない	あまりできない

合計　　点

「初めての行ってきます」診断表

80～100点	自信をもって送り出しましょう。
40～80点	わからなかったところを、もう一度、ゆっくり教えてあげましょう。
0～40点	たいへんたいへん、もう一度、しっかり教えてあげましょう。

チェックリスト 2

もっとつけよう！「安心して学校に行ける力」
→ 小学生になったらチェック！

次のチェックリストの内容は、園にいるうちはまだできなくてもかまいません。小学校に入ったら少しずつできるようにしていき、２年生になる頃にはこれらの力がついているとよいでしょう。答えに「２」「３」が１つでもある子は、すべての答えが「１」になるように頑張りましょう。たった１つの「できない」が、取り返しのつかない事件につながることもあるのです。

安全基礎体力の種類	質問		むずかしさ	答え 1	答え 2	答え 3
歩く力	①	歩くとき、どれくらい前を見て歩けばいいか、知っているかな？	★★	電柱と電柱の間くらいの距離	手を伸ばしたくらいのところ	わからない
歩く力	②	①の答えの長さくらい、前を見て歩けるかな？	★★★	歩ける	歩けない	わからない
歩く力	③	いつも見守ってくれているスクールガードの人などに、元気よくごあいさつができるかな？	★	できる	できない	あまりできない
断る力	④	知らない人に「お名前は何？ どこの小学校？」と聞かれても、きっぱりと「おうちの人に言っちゃいけないと言われています」と言えるかな？	★★	言える	言えない	わからない
大きな声を出す力	⑤	「助けて！」と叫ぶときに、手も振りながら叫べるかな？	★★	叫べる	叫べない	わからない
大きな声を出す力	⑥	腕をつかまれたりしても防犯ブザーを鳴らせるかな？	★★	鳴らせる	鳴らせない	鳴らせないことがある
抵抗する力	⑦	腕をつかまれたときに、腕をブンブンして離れられるかな？	★★	できる	できない	あまりできない
抵抗する力	⑧	お尻をついて、相手のスネに向かって足をジタバタさせられるかな？	★★	できる	できない	あまりできない
抵抗する力	⑨	怖いことがあったとき、相手に噛みつくことができるかな？	★	できる	できない	あまりできない
抵抗する力	⑩	ふだんは噛みついてはいけないことを知っているかな？	★	知っている	まったく知らない	あまり知らない
走る力	⑪	リュックサックやランドセルをしょったまま、20mの長さを走れるかな？	★	走れる	走れない	あまり走れない
飛びこむ力	⑫	通学路で困ったときに助けてもらえる安心なところ（交番やお店、お友だちのおうち）を知っているかな？	★★	知っている	まったく知らない	よく知らない
飛びこむ力	⑬	おうちの人と一緒に、安心な場所に行って「困ったときにはよろしくお願いします」とごあいさつをしたかな？	★	した	していない	わからない
伝える力	⑭	イヤなことがあったとき、そのことをおうちの人にお話しできるかな？	★★	できる	できない	あまりできない
伝える力	⑮	おまわりさんや助けてくれる人に、おうちの人の連絡先を言えるかな？	★★	言える	言えない	あまり言えない
伝える力	⑯	１人でお出かけするとき、「どこに」「だれと」「何時までに帰る」とおうちの人に伝え、守ることができるかな？	★★	できる	できない	あまりできない
お留守番の力	⑰	１人で帰ってきたら、おうちの鍵をすぐにかけることができるかな？	★	できる	できない	あまりできない
お留守番の力	⑱	おうちの人がいないときに誰かが訪ねてきたらどうすればいいか、おうちの人とお約束を決めているかな？	★★	決めている	決めていない	わからない
お留守番の力	⑲	おうちに電話がかかってきたときにどうすればいいか、おうちの人とお約束を決めているかな？	★★	決めている	決めていない	わからない

おわりに

　園の安全度チェック、いかがでしたか？「思っていたよりも危険だった！」「ほとんど満点だった！」など、結果はさまざまだったと思いますが、きっと防犯に対する意識を新たにされたことと思います。これからも定期的にチェックをしてください。園を取り巻く状況は、季節によって、時間によって、環境によって変わるため、一度のチェックで十分ということはありません。忘れずにチェックを行うことで、あなたの園の安全度は確実にアップします。

　また、子どもたちに安全のための基礎的な力を身につけるプログラムもお試しいただけましたか？　日常保育の中に「安全教育」という視点を少し加えるだけで、ふだんの生活・遊びが、子どもたちにしなやかに生きる力を身につける教育へと変化してきたのではないか思います。

　大人が守るだけはなく、子ども自身に命を守る力をつける幼児期からの安全教育の必要性は、日本だけでなく、今や世界中で大きな課題となっています。本文でも紹介した通り、英国では「安全教育は0歳から」というスローガンのもと、「社会の認識の中で自分の尊厳を守り、他人も認めていく」プログラムが、国の施策として、生まれたときから発達段階に沿って設定されています。そこには、「安全を教えること」＝「人間を育てること」＝「安全な社会をつくること」という考え方があり、その教育を行うことは、「われわれ大人の責任である」という哲学があるのです。単に「犯罪被害にあわないように注意しましょう」と言うだけでなく、いかに「次代の子どもを大人にするかの教育」が目指されています。日本もこれから「子どもを大人にする安全教育」へと進んでいく必要があると思います。将来的には自分だけでなく友だちも、最終的には会ったこともない人の命のために努力する大人へと成長していくはずです。

　発達段階に沿った意図的・系統的なプログラムに基づく幼児期からの安全基礎体力づくりは、犯罪のみならず、大地震からの安全や交通安全にも力を発揮します。それゆえ、幼児期からの安全教育は非常に重要なのです。日常保育の中で、「安全」という眼差しをもち続けながら、子どもの未来に希望をもって取り組んでいただけることを祈っております。

　常に的確かつ温かい視点でさまざまなアドバイスをくださった株式会社メイトの保科慎太郎様、子どもの命を何よりも尊ぶ心で遅筆な筆者を叱咤激励してくださった編集者の奥島俊輔様、佐々木聖様、わかりやすく愛とユーモアにあふれるイラストを描いてくださったカツヤマケイコ様に心より御礼申し上げます。わが研究室の岡野育子さん、堤紘子さん、砂川優子さん、みなさんの日頃の研究・実践のおかげで本書ができました。あらためて御礼申し上げます。そして、いつも私を支えてくれる家族の協力に感謝します。

清永 奈穂

参考文献

- D. マウラ・C. マウラ著、吉田利子訳
  『赤ちゃんには世界がどう見えるか』草思社、1992年

- 田中智志・今井康雄編
  『キーワード 現代の教育学』東京大学出版会、2008年

- 清永賢二
  『防犯先生の子ども安全マニュアル』東洋経済新報社、2008年

- 清永賢二監修
  『はんざいからの安全 学習ノート 指導者用テキスト』ステップ総合研究所、2011年

- 清永奈穂・田中賢・篠原惇理著、清永賢二監修
  『犯罪からの子どもの安全を科学する』ミネルヴァ書房、2012年

- 清永賢二・清永奈穂
  『犯罪者はどこに目をつけているか』新潮社、2012年

- 清永奈穂著、清永賢二・平井邦彦監修
  『犯罪と地震から子どもの命を守る』小学館、2013年

- 外山紀子・中島伸子
  『乳幼児は世界をどう理解しているか』新曜社、2013年

- 小山高正・田中みどり・福田きよみ編
  『遊びの保育発達学』川島書店、2014年

- 清永賢二・清永奈穂監修
  『犯罪からの安全学習ノート（ハサミとカミはお友だち®）』ステップ総合研究所、2016年

- NPO法人体験型安全教育支援機構『子どもの安全ガイドブック』2017年

- Huddleston, Ted and David Kerr, eds. 2006 'Making Sense of Citizenship: A Continuing Professional Development Handbook', The Citizenship Foundation

- The Royal Society for the Prevention of Accidents (RoSPA)
  Effective safety education: a briefing paper for all those involved in helping children and young people to stay safe (2013)
  https://www.rospa.com/rospaweb/docs/advice-services/school-college-safety/review-se-briefing-paper.pdf

- Department of Education (UK)
  POLICY STATEMENT : RELATIONSHIPS EDUCATION, RELATIONSHIPS AND SEX EDUCATION, AND PERSONAL, SOCIAL, HEALTH AND ECONOMIC EDUCATION (July, 2018)
  https://assets.publishing.service.gov.uk/government/uploads/system/uploads/attachment_data/file/595828/170301_Policy_statement_PSHEv2.pdf

著者紹介

NPO法人体験型安全教育支援機構
代表理事
清永 奈穂

1995年に立教大学大学院文学部修士課程修了後、大学研究助手などを経て2000年に株式会社ステップ総合研究所を設立。犯罪、いじめ、災害などから命を守るための研究に取り組み、大学等の研究員、政府・自治体等の委員会委員なども務める。2012年にはステップ総合研究所「子どもの安全教育グループACE」を母体にNPO法人体験型安全教育支援機構を設立。各地の自治体、幼稚園、保育所、小学校などで独自の体験型安全教育を行っている。一男一女の母。

STAFF

編集協力 ● 奥島俊輔・佐々木聖
イラスト ● カツヤマケイコ
アートディレクション ● 長尾敦子
デザイン ● 田中小百合 (osuzudesign)
編　　集 ● 保科慎太郎

2018年12月1日　初版発行ⓒ

著　　者 ● 清永奈穂
発 行 人 ● 竹井 亮
発行・発売 ● 株式会社メイト
〒114-0023
東京都北区滝野川7-46-1　明治滝野川ビル7・8F
TEL：03-5974-1700（代）
製版・印刷 ● 光栄印刷株式会社

本書の無断転載は禁じられています。
ⓒMEITO2018 Printed in Japan